SOUVENIRS

D'HISTOIRE NATURELLE

LETTRES A Mme X....

PAR

CHARLES DE FRANCIOSI

LILLE

IMPRIMERIE VANACKERE

1856

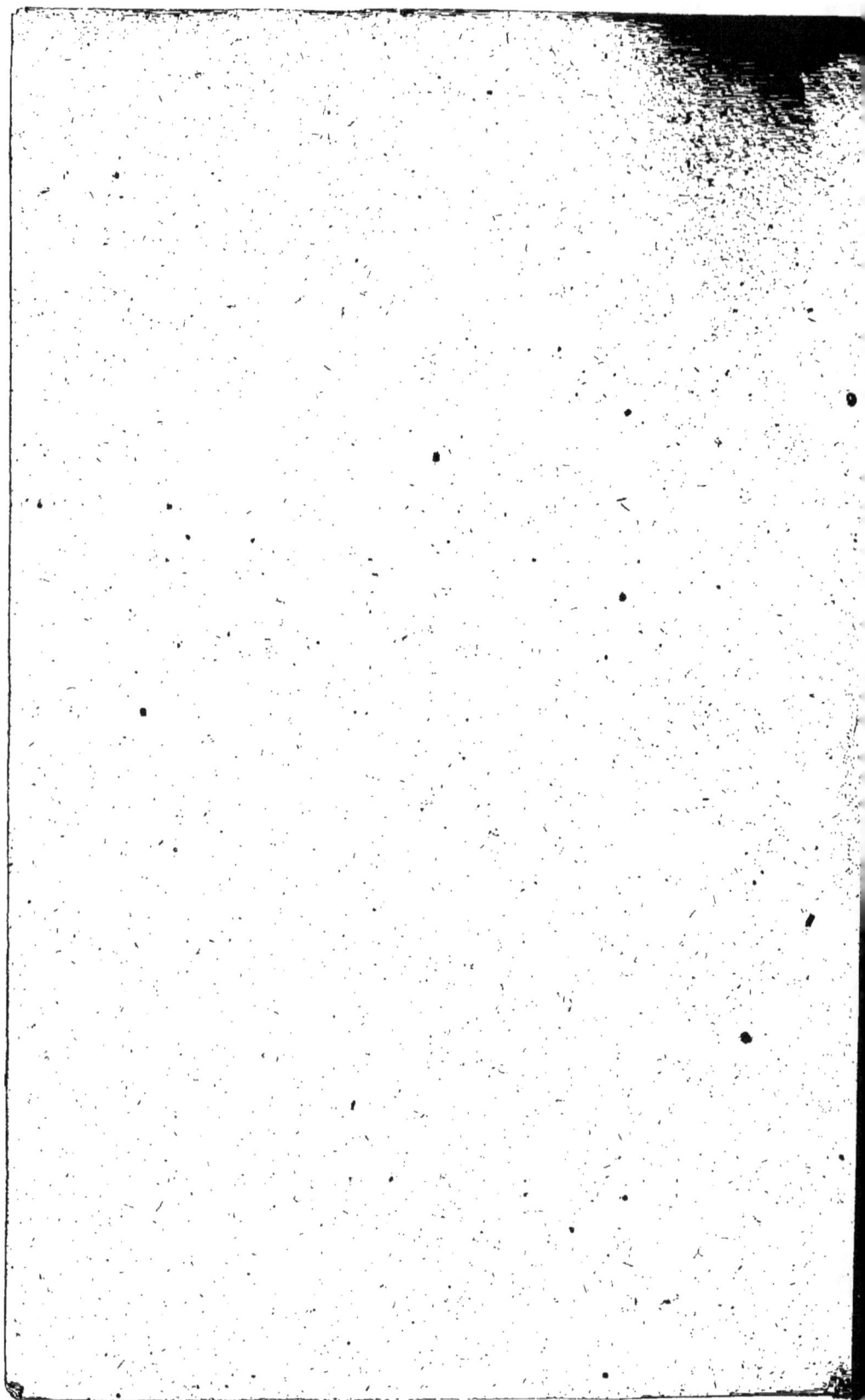

SOUVENIRS

D'HISTOIRE NATURELLE

(2.)

SOUVENIRS

D'HISTOIRE NATURELLE

—◦◦◦—

LETTRES A Mme X....

CHARLES DE FRANCIOSI

—◦◦◦—

ERNEST VANACKERE, LIBRAIRE-ÉDITEUR
GRAND'PLACE, 7

—

1855

1857

LILLE. — IMP. VANACKERE.

UNE PROMENADE

AU

JARDIN DE L'ESPLANADE

ET

DEUX DRAMES

Lille, 1er juillet 1855.

A Madame Æ.....

AINSI, mon pardon n'est qu'à ce prix! Il me
faut dire, naïvement et sans détours, le pourquoi de
mon silence, lorsque je vous avais, au contraire,
promis une épître en un volume. Que ma bonne
volonté vienne plaider ma cause, et prêtez à mes
excuses une oreille indulgente.

Après avoir marchandé fort longtemps pour tenir
ma promesse, — je suis franc, vous le voyez, —
j'avais fixé le jour de mon courrier. Mais, hélas!
le ciel lui-même en voulait à mes belles résolutions

si péniblement arrêtées. Au moment de m'asseoir devant ma feuille de vélin, je me sens fort mal disposé. On manque d'air dans cette chambre, me dis-je. J'ouvre une première fenêtre, une seconde, ma chambre' n'en a pas davantage. Précaution inutile! C'est l'orage qui m'énerve, — le mot est à la mode, j'en demande pardon à votre sexe, — l'air lourd pèse sur mes poumons. Il faut sortir.

Machinalement je m'engage dans la rue de la Barre, aspirant instinctivement vers les lieux où souffle le vent, quand il souffle. Puis j'entre au jardin soi-disant botanique.

Je dois ici vous déclarer ma grande antipathie pour les savants, et les taxer bien haut de pédantisme barbare et d'immoralité. Cette opinion, vous la pouvez considérer d'autant plus exacte qu'elle m'est arrachée par la force de la vérité. Car, s'il ne m'est pas permis de me ranger parmi ces étiqueteurs en *us* et en *a*, du moins je me suis frotté à leurs méthodes, et, dix ans durant, j'ai fait de la botanique avec passion. Donc, par esprit de corps, ou approchant, je devrais aimer et respecter les botanistes.

J'accuse ces messieurs de pédantisme barbare. Ils ont pêché je ne sais où des noms grecs, latins, métis, *imprononçables* — donnez à ce mot-là le droit de cité que lui refuserait l'Académie — et puis les malheureuses plantes ont été étiquetées avec ces noms affreux, comme dans les salons de Curtius on étiquette les morts célèbres. Et n'allez pas croire qu'une plante a pu, par l'obscurité de sa vie, se soustraire à cette façon de dictionnaire. Rien n'a trouvé grâce aux yeux de ces affreux savants avec ou sans lunettes; la beauté, rien; le parfum, rien encore; l'utilité, rien toujours. Au lieu de la fleur de l'*églantier* dont Florian chantait;

« L'églantine est la fleur que j'aime! »

ils vous parlent de *cynorrhodon*, rose de chien; le *sainfoin* à la corolle d'un rose si tendre, ligné de blanc comme la jupe d'une paysanne, cela se nomme *onobrychis*, nourriture d'âne; la *giroflée de muraille* s'appelle *cheiranthus cheiri*, la fleur de la main — d'où vient sans doute le nom vulgaire du soufflet : une giroflée à cinq branches.

Je n'en finirais pas de ces barbarismes, et croyez que je passe les meilleurs; heureusement on a res-pecté le nom de la violette, de la rose, de la pensée, du chèvrefeuille et de quelques autres encore.

J'ai accusé les savants d'immoralité. Ces messieurs traitent de monstre tout ce qui est fleur double, c'est—

à-dire toute fleur dans laquelle les petites colonnes des étamines et des pistils se sont changées en feuilles ou pétales, différence que vous pouvez constater, par exemple, entre la fleur de l'églantier et la rose à cent feuilles. Cette dernière est le monstre! Ainsi les belles que les poètes ont si souvent comparées à la rose ont à choisir entre le titre de monstre et celui de *cynorrhodon*, que je n'ose plus traduire. Passe.

Mais, au nom de la morale, je vous le demande, dans quel code civil a-t-on vu établir une société de la manière suivante : Fleurs dont les maris vivent à Saint-André, les femmes aux Moulins, — dioïques ; — dont les messieurs habitent le pavillon de gauche, les dames les appartements de droite, — monoïques — (On prétend que c'est depuis cette belle découverte que les bipèdes nommés humains en ont fait autant), etc., etc.

Je vous fais grâce des autres systèmes auxquels je repensais, car chaque grand botaniste a eu le sien, et chacun de dire : Prenez mon ours. Or, le système a du bon, mais malheureusement il tombe presque toujours dans l'excès.

Ces réflexions vous ennuient, Madame; elles produisirent sur moi un effet analogue. Pour rêver à autre chose, je tirai de ma poche cette ressource suprême de la génération actuelle, quelques feuilles menu-hachées de l'herbe que dore le soleil de Cuba, qui devait s'appeler *nicotiane*, du nom de son importateur, M. Jacques Nicot, ambassadeur de France en Portugal en 1560, comme l'Amérique eût dû s'appeler Colombie, en 1492. Justice des hommes!

Or, M. Nicot lui-même avait connu cette plante par un marchand flamand — ce qui explique pourquoi de nos jours le tabac est l'objet d'un commerce de contrebande en Flandre. — A son arrivée à Lisbonne, M. Nicot l'offrit — l'histoire ne dit pas à quel titre — à M. le grand Prieur, et puis, à son retour en France, il la présenta à la reine Catherine de Médicis. Le cardinal de Sainte-Croix, le légat Nicolas Ternabon l'introduisirent en Italie : le premier, de Portugal; l'autre, de France. D'où ces noms: *Nicotiane, herbe du Grand-Prieur, herbe à la Reine, herbe de Sainte-Croix, herbe de Ternabon*. D'autres l'appelèrent la *panacée antarctique*, la *jusquiame du Pérou*. Les naturels qui en faisaient usage au Brésil la désignèrent sous le nom de *pétun;* enfin les Espagnols en firent le *tabac*, de l'île de Tobago ou Tabaco. Au moins les botanistes ont-ils été plus justes envers M Nicot.

Je ne vous apprendrai rien de neuf en rappelant
que le tabac a eu ses antagonistes et ses panégy-
ristes. Le sultan Amurat IV, un czar, un roi de
Perse, en défendirent l'usage sous peine de perdre
le nez et les lèvres. Jacques Stuart fit un traité
contre lui sous le titre de *Misocapnos*. Urbain VIII
excommunia ceux qui prenaient du tabac dans les
églises. Enfin, dit le Père Labat, le pétun devint
une pomme de discorde et alluma une guerre très-
vive. En 1699, M. Fagon, premier médecin du
roi, n'ayant pu se trouver à une thèse de médecine
contre le tabac, désigna pour le remplacer à la
présidence un autre médecin, fort éloquent, du
reste, mais dont le nez ne fut pas d'accord avec la
langue; car, pendant toute l'argumentation, le président ne cessa de puiser dans une immense tabatière.

Aujourd'hui le pétun n'allume plus rien; on
l'allume sous diverses formes; de cet holocauste
brûlé sur les autels de la mode il reste un peu de
cendre, et le gouvernement recueille du monopole
du tabac un fort joli denier, plus de 100 millions,
ce dont je ne me plains pas, car toute chose de luxe
doit payer son existence. Et le tabac a commencé
par être objet de luxe pour tout fumeur ou priseur.
Plus tard il peut devenir besoin d'habitude.

Pendant ce mémorial que je me faisais *in petto*,

j'avais préparé quelques cigarettes, comme me
l'avait appris un mien ami, Espagnol pur sang,
Pedro de Azcuè, carliste réfugié en 1842. Puis
j'allumai et je jetai négligemment la petite bougie
qui brûlait encore. C'était vers l'extrémité du jardin,
du côté du pont de la Barre. Soudain voilà une
plante qui se couvre de flammes ; mais au bout d'un
instant la combustion a cessé, et la plante m'apparaît
aussi fraîche qu'avant ce petit incendie. C'était une
fraxinelle ou *dictame blanc* ; les extrémités des tiges
et les calices des fleurs sont couverts d'une infinité
de vésicules pleines d'une huile essentielle ; elles
répandent en abondance, sous l'influence de la chaleur, des gaz subtils et inflammables.

La pesanteur de l'atmosphère semblait augmenter, le trèfle du gazon repliait ses folioles
comme assoupi, les cytises, les acacias dormaient
pour tout de bon, la capucine se remplissait d'élec-
tricité, les branches du bouleau pleuraient. Le
bouleau est un des plus jolis arbres que je sache,
mais il a le tort d'être indigène, et on ne le regarde
pas. « Nul n'est prophète...... » Ce que l'on en
connaît, c'est que des extrémités on fait des balais ;
du tronc, des sabots ; de l'écorce, des tabatières.
Ce que l'on n'en sait guère, le voici : La sève est
extrêmement abondante dans ces arbres avec cette

curieuse particularité : l'incision faite près de la racine donne de l'eau pure et insipide ; sur les grosses branches une liqueur légèrement acide qui devient par la fermentation une sorte de vin. Comme le népenthe de l'Inde dont la feuille se termine en une coupe fermée par un opercule et offre une eau délicieuse au voyageur altéré, le bouleau présente au pâtre une boisson rafraîchissante. Souvent, dans le pays de Bray, j'ai fait cette expérience de percer l'écorce blanche du bouleau, puis avec une feuille qui formait rigole, j'avais mes conduits de sève ; je ne vous conseille pas de tenter l'aventure au jardin botanique, de peur de l'Argus commis à la garde de cette annexe du jardin des Hespérides moins les pommes d'or d'Atalante. Ah! j'oubliais. L'eau du bouleau est préconisée contre les taches de rousseur.

Un autre spectacle m'attendait dans cette même allée, où l'on voit une corbeille de terre sablonneuse dans laquelle ont été placés les azalées, les kalmies, les bruyères.

Un ver à six pattes, de la longueur d'un cloporte, mais plus large, à l'abri d'un gros rhododendron, enfonçait dans le sable la partie postérieure de son corps, comme un soc de charrue, et traçait un sillon circulaire. A ce sillon en succéda un second, puis

un troisième, d'autres encore toujours en diminuant.
Le ver s'enterrait de plus en plus dans le sable, le
rejetant avec les cornes dont sa tête est armée, et
marchant toujours en ligne spirale. Les coups de
tête se succédaient sans relâche, et bientôt je vis un
cône renversé, dont les pentes étaient très-raides,
calculées avec une précision mathématique. Au fond
j'apercevais deux points grisâtres : c'étaient les
mandibules de mon insecte qui, placé en védette,
attendait sa proie.

Or, cet ingénieux carnassier était un fourmi-lion.
Une fourmi vint à passer sur le bord de la fosse ;
elle s'en retournait à la demeure commune, traînant
dans ses mâchoires une graine plus grosse qu'elle.
Quelques atomes de sable se détachent, le fourmi-
lion averti s'enfonce un peu, aussitôt les bases des
parois du cône s'ébranlent, elles s'écroulent; la
fourmi roule sur la déclivité du gouffre. Comme
pressentant le danger, elle veut remonter sur cette
dangereuse pente ; mais voilà qu'un nuage s'élève,
c'est le fourmi-lion qui, catapulte vivante, lance sur
sa proie une grêle de grains de sable, véritable
éruption vésuvienne, qui aveugle la malheureuse
fourmi, la meurtrit jusqu'à ce qu'elle tombe entre
les serres de l'ennemi qui l'entraîne sous terre et la
dévore.

Quand le fourmi-lion eut sucé le sang de sa victime, n'allez pas croire que le squelette fut abandonné par lui : il sait que la vue de ces restes pourrait rendre prudents d'autres insectes, il va s'en débarrasser. Tenez, le voyez-vous plaçant sur ses cornes, avec ses pattes, ce qui reste de la fourmi; d'un mouvement brusque il l'envoie à plus de 20 centimètres de son trou; puis il refait son entonnoir, lui rend la pente voulue, arrondit, creuse, et se remet à l'affût pour une nouvelle capture.

Eh bien! ce féroce chasseur c'est une larve, c'est-à-dire un animal dans un état incomplet, état dans lequel il restera deux ans environ. Et savez-vous ce qu'il deviendra? Un de ces gentils insectes, aux ailes de gaze, au corps annelé de couleurs vives, que vous avez vus se poser sur les fleurs jaunes des glaïeuls; ce sera une demoiselle, ce que les entomologistes appellent une *libellule*.

Quel affreux scélérat, dites-vous, Madame, que ce fourmi-lion! Eh! mon Dieu, il se nourrit, voilà tout. Ainsi l'homme mange le mouton, le lion mange l'homme, et l'insecte mangera le lion...... quand le lion sera mort.

Cependant si votre amour de la justice ne vous fait pas trouver cette justification suffisante, voici ce que m'a appris ma promenade sur la loi du talion.

Non loin d'une touffe de *silène*, ces fleurs au ventre gros comme l'était celui du dieu de la fable, en voilà une variété que l'on a nommée *attrape-mouche*, *muscipula*. C'est une tige droite, à nœuds, terminée par un bouquet de jolies petites fleurs roses. C'est là que doit se passer le second acte du drame : Qui mange sera mangé !

La silène attrape-mouche a, à chacune de ses articulations, une petite portion noirâtre, couverte d'une gomme sucrée. Qu'un léger insecte ailé s'y pose, le voilà englué sans remède, destiné à être la pâture de l'hirondelle ou des insectes carnivores. Je m'étais arrêté près de cette plante. Arrive en voletant une charmante mouche, parée comme une princesse des *Mille et une Nuits*. Ses ailes très-larges sont d'un tissu vert-tendre, veiné d'or, transparent comme la gaze la plus délicate ; son corps est de ce même vert, ses gros yeux latéraux sont comme deux boules formées d'escarboucles aux mille feux : c'est une *hémérobe ;* elle vient du sureau voisin, aux feuilles duquel elle a attaché ses œufs, qui pendent dans l'air retenus par des fils presque imperceptibles, au bout desquels le vent les balance. Et ce n'est point sans raison qu'elle a ainsi placé l'espérance de sa progéniture, les

jeunes larves en naissant trouveront sur ces feuilles
leur nourriture, de nombreux pucerons; car la
larve de l'hémérobe est aux pucerons ce que la
larve de la libellule est aux fourmis. La libellule et
l'hémérobe sont ainsi cousines très-germaines, ce
qui explique mon système de peine du talion.

Or, l'hémérobe, en voletant comme une personne
satisfaite d'avoir bien accompli sa tâche, se heurte
à la glu de la silène, son aile s'attache, elle est
prise. L'imprudente fait entendre un petit bruissement de colère, c'est le signal auquel accourt
une fourmi voisine. Comme un éclaireur, la fourmi
semble reconnaître la place, et au lieu de s'attaquer, chétive, à l'insecte qui l'égale dix fois en
grosseur, elle s'en va à la fourmilière, et bientôt
toute une troupe de noirs combattants, comme les
appelle Virgile, reviennent à sa suite. L'une, la
plus hardie, l'Achille de la bande, attaque résolu-
ment l'ennemi à la séparation de la tête et du
corselet, et l'hémérobe est décapitée. Pendant ce
temps, les autres fourmis ont pompé la glu de
la silène pour grimper sans danger. Le butin est
trop gros pour être ainsi emporté tout d'une pièce;
on partage le cadavre de l'ennemi, et quelques
instants après les fourmis victorieuses retournaient
à leur domicile.

Cet acte de justice à la turque devait être ce jour-là pour moi la dernière transformation de ce changeant kaleidoscope que présentent les règnes de la nature, non pas à qui veut les étudier, mais même à quiconque consent à regarder, à observer.

Voilà, Madame, comment je m'amusai à rêver au lieu de tenir ma promesse et de vous ennuyer de ma prose. Peut-être n'y avez-vous rien gagné qu'un ennui plus long.   .   .   .   .

.   .   .   .

LES RUBIACÉES

ET LE

PAPILLON

Lille, 15 juillet 1855.

A Madame X.....

« Comment, Monsieur, m'écriviez-vous il y a
deux jours, nous marchons sur tant de merveilles
et nous ne nous en doutons pas ! » Eh ! mon Dieu,
oui, Madame, nous sommes un peu comme les statues
des nations, nous avons des yeux et nous ne voyons
pas. « Venez, ajoutiez-vous, me faire lire une autre
page de ce grand livre et puis vous m'écrirez ce que
vous m'aurez dit. »

Cette phrase bien courte recélait un danger sous
la plus séduisante invitation. Ainsi la rose cache
sous son enveloppe fleurie l'aiguillon qui la défend

2

de la main de l'imprudent. Car, je vous le demande, comment retrouverai-je les fils cent fois croisés de cette capricieuse causerie !

Sans songer à ces suites d'une trop facile acceptation, je me rendis à vos ordres, à vos désirs, voulais-je dire ; ce m'est tout un. Plus exact que l'aiguille d'un cadran municipal, je me présentai chez vous que votre dîner était à peine terminé. « Vous auriez dû venir une heure plus tôt, » me disaient vos obligeants reproches. Pour me sauver de l'embarras de répondre, je m'accrochai à la première paille, et vous voyant agiter légèrement dans une tasse de porcelaine de Sèvres la liqueur dorée que nous donne la fève d'Arabie, — laquelle n'est ni fève, ni arabe, d'après les savants — je fis mon choix pour ce jour, je m'attachai aux *rubiacées*.

Je suis vraiment désespéré d'employer encore un de ces termes barbares, mais, je vous le répète, je ne les ai pas inventés, et je m'en sers par suite d'un reste de mauvaise habitude. Vous savez, Madame, comme l'habitude est une seconde nature.

Les *rubiacées* tirent leur nom de celui qui a été donné à la garance appelée *rubia*, du terme latin *ruber*, rouge. La garance, vous ne l'ignorez pas, est une de nos plus riches plantes tinctoriales indigènes. Nous la retrouverons bientôt ; et jusque-là,

pour suivre à peu près les méandres de notre
conversation, je reviens au café ; voici à peu près
ce que je vous en ai dit, :

Les docteurs, ceux qui aiment à reprendre les
choses, depuis les œufs jusqu'aux pommes, comme
disait le malicieux 'Horace, vous racontent naïvement qu'Homère avait un faible pour le café et que
plusieurs de ses chants ont été inspirés par le noir
breuvage. Allons ! pour moi je ne sais qu'une chose
renouvelée des Grecs, le jeu de l'oie ; et c'est bien
assez. A la place des docteurs j'eusse fait remonter
la chose jusqu'à Jupiter, puisque c'est de lui
que tout tire son origine, d'après un autre mot
latin que je ne serai pas assez pédant pour vous
citer. Peut-être est-ce même ce terrible despote
qui le premier reconnut l'efficacité du café lors
d'un des fameux maux de tête qui nous valurent
Minerve.

Quant aux inventeurs, je crois que ce furent les
Arabes, sans brevet, s. g. d. g., attendu que le fisc
est né seulement de la civilisation. Que faut-il croire
de l'histoire, qui nous raconte qu'un pieux musulman, désolé de s'endormir en méditant — faut-il
être un pieux musulman pour cela ? — fut averti
par le prophète lui-même des qualités du café.
Mollah Chadelly ne se doutait guère que les nations

européennes, sans compter les autres, feraient de son invention pieuse un usage si grand et parfois si profane.

Dans la seule ville du Caire, dans la première moitié du xviie siècle, on comptait deux mille cafés, et il y en a 3,000 aujourd'hui à Paris. Je n'ai pas fait le dénombrement pour Lille, mais vous connaissez comme moi que dans chaque ménage lillois on boit du café du matin au soir, — j'allais ajouter et du soir au matin. Un poète indigène nous l'a redit en des vers qui ne manquent pas de vérité. M. Gustave Des...... écrivait il y a un an à propos du café des commères :

Et quel café souvent ! une eau sale et jaunâtre
Qui du matin au soir croupit auprès de l'âtre.

Malgré la concurrence du café-chicorée, il se consomme encore en Europe annuellement de 18 à 20 millions de kilogr. de cette fève. La France en absorbe le quart.

Qu'elle se trompait donc cette spirituelle Mme de Sévigné qui disait : *Racine passera comme le café.* Ni l'un ni l'autre, heureusement, n'ont vérifié cette prédiction, ou, si vous aimez mieux, l'un et l'autre l'ont vérifiée en ne passant point et en demeurant goûtés de l'esprit de ceux-ci, de la gourmandise de ceux-là.

Ce n'est pas que les détracteurs aient manqué au pauvre café ; les uns poussés par question d'estomac, les autres par quelque chose de bien plus grave, par question politique ; cette dernière assertion vous étonne. Eh! oui, le fameux Olivier Cromwell, *le protecteur*, qui devait mourir d'une petite pierre, respecta les tavernes, une fois arrivé au pouvoir, mais il proscrivit les boutiques de café qu'avait fondées un Anglais revenu de Constantinople, orné d'un certain nombre de balles de café et d'une jeune Grecque dont il fit d'abord sa femme, puis la marchande-enseigne de la nouvelle denrée. Cromwell craignait moins l'abrutissement causé par le *brandy*, l'*ale* et le *porter*, que l'excitation intellectuelle produite par le café.

Aie! vous venez de vous brûler, et moi je m'aventure sur le terrain périlleux de la politique ; laissez refroidir votre tasse, je vais tâcher de revenir à mon sujet.

Avant d'abandonner le chapitre des persécutions je vous rappelai celles que firent aux marchands de café les prêtres mahométans. Il paraît que les fidèles préféraient l'estaminet voisin aux prédications des derviches. On voit bien que cela se passait en Arabie, et il y a plusieurs siècles.

Enfin je vous rapportai la philippique du grand
maître de l'homœopathie, le docteur allemand
Hahnemann, en voici la conclusion : «... Toutes ces
« qualités qui distinguaient jadis le caractère national
« des Allemands s'évanouissent devant cette boisson
« médicinale. Et qu'est-ce qui les remplace? Des
« épanchements de cœur imprudents, des résolu-
« tions, des jugements précipités et mal fondés, la
« légèreté, la loquacité, la vacillation, enfin une
« mobilité fugitive et une contenance théâtrale......
« Le danseur, l'improvisateur, le jongleur, le bate-
« lier, l'escroc et le banquier du pharaon, ainsi
« que le virtuose-musicien moderne, avec sa vitesse
« extravagante et le médecin à la mode, partout
« présent, qui veut faire quatre-vingt-dix visites de
« malades en une seule matinée, tout ce monde-là
« a nécessairement besoin de café. »

Que de choses affreuses, Madame, dans ce petit
grain ! Au dernier les bons, dit un vieux proverbe.
C'est donc pour cela que l'homéopathe réservait son
dernier trait pour ses confrères dissidents. L'idée
est bien originale de faire du café un moyen de
prompte locomotion, exactement comme un chemin
de fer. Docteur, n'aviez-vous pas bu du café lorsque
vous avez parlé avec ces *épanchements de cœur
imprudents*, que vous avez porté ce *jugement préci-*

pité et mal fondé..., etc., voir plus haut. M'est avis que le sournois prenait du café en cachette, ou bien son estomac le lui défendait. J'ai connu un fort digne médecin, quoique homéopathe, c'était à Beauvais, et il se permettait parfaitement la demitasse.

Toutefois, ce *poison lent*, dont le sarcastique Voltaire disait : « Oui, bien lent, car j'en bois depuis 80 ans, » ce poison paraît contribuer pour grande part aux vapeurs des dames, au teint pâle des jeunes filles. Ainsi Junker se plaignait-il, il y a longtemps déjà, que les coquettes de son temps, pour se rendre intéressantes, avalaient de la poudre de café bouilli. De nos jours elles boivent du vinaigre. On ne discute pas des goûts.

Les Arabes entendent mieux leur affaire que nous : Voyez-les assis en cercle devant la tente du scheik, autour d'un petit feu de bouse de chameau desséchée; sur une poële percée de trous on rôtit la fève du *bunn* ou le café moka. — Vous n'ignorez pas que la fève du café moka est généralement ronde, au lieu d'être semi-cylindrique ; cela tient à ce qu'une seule des deux graines renfermées dans l'espèce de cerise, qui est le fruit du caféier, s'est développée, comme il arrive parfois dans le marron d'Inde. — Deux pierres plates ont bientôt broyé le *kahwa modjahdam*, ou café avec sa coque, en une poudre presque impalpable. On agite le mélange tout chargé de la poudre légère, on le verse bouillant dans de petites tasses de cuir, sans lait, sans sucre. Cependant l'assemblée, accroupie sur ses nattes, fume le tabac mêlé d'opium dans de longues pipes de terre de Trébizonde, et le conteur favori redit les *Amours de Soleyman* ou quelques récits des *Mille et une Nuits*. Ainsi se passe la soirée sous la clarté des étoiles.

Pendant que vous mettez votre légère écharpe sur vos épaules, que vous placez coquettement sur vos cheveux lustrés ce petit morceau de paille et de fleurs que l'on appelle un chapeau, je termine ma trop longue et cependant incomplète histoire du café en vous disant que son nom vient de *caôva* ou *cahoué*, sous lequel on le vendait au Caire au seizième siècle; que sa patrie est la Haute-Éthiopie, Kaffa, peut-être, d'où viendrait l'étymologie; qu'il fut transplanté par les fils de Mahomet dans l'Yémen ou Arabie-Heureuse, et enfin que les plantations des Antilles proviennent de l'unique pied que transporta à la Martinique, en 1720, le capitaine Déclieux, partageant avec son précieux arbuste sa ration d'eau pendant la traversée.

Esménard a consigné ce fait dans son poëme de la navigation :

     . . . . . . Sur son léger vaisseau
Voyageait de moka, le timide arbrisseau.
Le flot tombe soudain ; Zéphir n'a plus d'haleines,
Sous les feux du Cancer, l'eau pure des fontaines,
S'épuise, et du besoin l'inexorable loi
Du peu qui reste encor a mesuré l'emploi.
Chacun craint d'éprouver les tourments de Tantale.
Déclieux seul les défie, et d'une soif fatale
Étouffant tous les jours la dévorante ardeur,
Tandis qu'un ciel d'airain s'enflamme de splendeur,
De l'humide élément qu'il refuse à sa vie,
Goutte à goutte il nourrit une plante chérie.
L'aspect de son arbuste adoucit tous ses maux,
Déclieux rêve déjà l'ombre de ses rameaux,
Et croit, en caressant sa tige ranimée,
Respirer en liqueur sa graine parfumée.
Heureuse Martinique ! ô bords hospitaliers !
Dans un monde nouveau vous avez, les premiers,
Recueilli, fécondé ce doux fruit de l'Asie ;
Et dans un sol français mûrit son ambroisie !

Au milieu de ces citations nous voilà dans un petit chemin, resserré entre deux pierres : sous la feuillée je cueille ou plutôt je fourrage une humble plante : c'est encore une rubiacée, le *petit muguet des bois*, dont la dessication développe le parfum suave et que l'on a parfois employé pour chasser les mites des étoffes.

Eh bien! pendant que je cours en avant vers une autre plante, vous restez en arrière ! Vous êtes prise, Madame, le *gratteron*, toujours une rubiacée, vous a arrêtée en s'accrochant au tissu de votre robe de barége. Ses graines sphériques, sa tige, ses feuilles vous ont saisie de leurs griffes recourbées. Il faut que j'aille à votre secours pour que vous ne laissiez pas un morceau de votre jupe à ce voleur de petits chemins. Pourquoi cette vilaine plante? demandez-vous. Berquin nous l'a conté : La plante arrache à la brebis qui paît un brin de sa toison; elle arrête au vol le coton des graines du peuplier-tremble, l'aigrette de la semence du pissenlit, et le petit oiseau viendra recueillir cette moisson toute préparée pour en garnir le nid où il déposera ses œufs. Rien n'est inutile sous la main de Dieu, reste à l'homme à comprendre.

Vous vous êtes tirée de ce mauvais pas sans accroc, et bientôt je vous vois vous baisser vers une plante près de laquelle voltige une troupe d'abeilles industrieuses, et dont je vous promets pour quelque jour l'histoire.

Cette plante, aux fleurs jaunes, c'est le *caille-lait*,

proche parent du gratteron ; il en existe une variété
à fleurs blanches. Son nom lui est venu de la
propriété qu'on attribuait à ses sommités fleuries
de faire cailler le lait. Mais c'est encore une de ces
fables dont il faut rabattre. Tout au plus est-il
employé pour donner au fromage une teinte jaune.

Toute cette famille des rubiacées est en vérité une
famille de teinturiers, aussi j'aurais pu vous dire
que le café vert donne, au moyen d'une manipu-
lation, une couleur d'un vert assez franc et assez
fixe pour être employée avec succès dans la peinture à l'huile.

Mais les plantes les plus riches en matière colo-
rante ce sont les rubia parmi lesquelles apparaît
la *garance*, assez semblable au gratteron. Oh! pour
cette fois, j'accorde aux Grecs la gloire d'avoir connu
la propriété de cette rubiacée. Strabon rapporte que
les Gaulois Aquitains la cultivaient sous le nom de
varentia, d'où l'on a fait garance. Puis vinrent les
Normands, qui en faisaient grand commerce en
Neustrie. Vos aïeux leur élevèrent une terrible concurrence au XVIe siècle. Cent cinquante ans plus tard,
un Allemand dotait l'Alsace de cette culture, un
Arménien catholique apportait de la graine de garance dans le comtat d'Avignon, et créait au midi
de la France cette industrie qui produit aujourd'hui

pour 20 millions de francs dans le département de
Vaucluse. La garance renferme dans sa racine un
corps soluble par les alcalis et que l'on a nommé
alizari; il donne aux étoffes, à l'aide du mordant,
des couleurs qui se recommandent par leur richesse
et surtout par leur fixité.

Une propriété remarquable de la garance c'est de
se combiner avec les divers produits de l'alimentation. Ainsi a-t-on vérifié le mouvement vital de la
nutrition, mouvement qui apporte dans les organes
de nouveaux matériaux et emporte les anciens. Les
os d'animaux soumis à la nourriture de la garance
ont été trouvés teints en rouge plus ou moins foncé.
On a ensuite privé d'autres animaux de cette nourriture et les os sont redevenus incolores.

Ce ne sont pas seulement les os qui sont atteints
par cette modification, la salive, le lait et même la
sueur se colorent en rose.

Pendant que je rassemblais ces souvenirs, un
joli papillon vint se poser sur la tige du caille-lait
qui vous avait retenue. C'était une *argynne nacrée:*
le dessous de ses ailes, d'un jaune un peu pâle, présentait de larges taches argentées. Vous le saisissez,
et vite, vous faites de nouveau appel à ma mémoire
pour que je vous entretienne de ces charmants
insectes qu'un poète...... Ecoutez un écho de

ce pauvre Gérard de Nerval, poésie presque inédite :

> Le papillon ! fleur sans tige,
> qui voltige,
> Que l'on cueille en un réseau ;
>
> . . . .
> . . . .
> . . . .
>
> Mais le joyeux *Nacré* passe,
> Et je ne vois plus que lui !
> Comme un éventail de soie,
> Il déploie
> Son manteau semé d'argent ;
> Et sa robe bigarrée
> Est dorée
> D'un or verdâtre et changeant.

Ce serait une fort longue histoire à faire que celle de ces animaux étranges ; passant par trois états : chenille d'abord, chrysalide en second lieu et enfin papillon.

Vous connaissez la chenille, et, comme nous tous, vous avez élevé des vers-à-soie ; vous savez donc que les chenilles changent plusieurs fois de peau ; arrive enfin le moment de la première métamorphose ;

pour cela les unes filent un cocon, d'autres se
creusent un nid en terre, d'autres encore se
suspendent, qui par le milieu du corps, qui par la
queue. Et voilà le plus joli travail qui se puisse voir
et dont j'ai été témoin une fois à Savy (Pas-de-
Calais).

C'était sur la place du village. J'avais remarqué
sur des touffes d'orties des chenilles que je savais
devoir donner naissance à des paons de jour. C'est
une chenille noire, et que rien ne recommande. Je
surveillais ces insectes, et enfin, une belle après-
midi je fus payé de ma constance : la chenille
commença par appliquer sur le mur en torchis d'une
grange exposée au soleil un certain nombre de fils
de soie ; sur ces fils elle en fixa d'autres en manière de spirale, puis elle se plaça au milieu de
ce fourreau, s'attacha par les pattes de derrière et
se laissa pendre la tête en bas ; vous eussiez cru
qu'elle allait tomber. Point du tout.

La chenille courba son corps, enfla ses premiers
anneaux, et la peau se séparant sur la partie du dos
voisine de la tête, il en sortit environ la moitié de la
chrysalide.

Or, les anneaux de cette chrysalide, rentrant
les uns dans les autres comme les tubes d'une
longue-vue, pinçaient la peau abandonnée et sou-

tenaient la chenille dans le passage d'un anneau à
un autre, jusqu'à ce qu'elle eût appliqué la queue de
la chrysalide dans le petit réseau de soie. Alors la
chrysalide s'agita, pirouetta pour se débarrasser de
sa peau et elle apparut bientôt à mes yeux avec ses
reflets d'or chatoyants au soleil.

Comment, dites-vous, font pour sortir de leur
dure coque ces pauvres papillons sans force. Il est
vrai la coque est très-résistante, vous ne pouvez dé-
chirer celle du ver-à-soie. Dieu y a pourvu. Au
moment de l'éclosion du papillon, l'insecte dégage
une liqueur rougeâtre qui désagrège les fils et le trou
est facile à faire. Dans le papillon feuille-morte la
coque est très-mince ; mais alors la chrysalide sera
donc exposée à être dévorée par les insectes? Non
pas vraiment. Cette coque mince est enduite à l'intérieur d'un suc épais et jaunâtre, qui la rend
opaque. Certains papillons ont une coque dont le
dessus s'enlève comme une petite calotte.

Enfin le papillon est né, quelquefois après une
année de jeûne passée sous l'état de chrysalide,
quelquefois après une métamorphose de quelques
jours. Il agite vivement ses ailes qui se sèchent, se
colorent, s'étendent; il s'élève dans l'air, qui est
son domaine, vers les fleurs où se trouve sa nourriture. Le vol du papillon est disgracieux, il est

tout formé de zigzags ; c'est encore un bienfait de Dieu, car le papillon, par ce vol, est moins exposé à être la proie de l'oiseau qui suit une ligne droite. Au reste, cette allure provient de l'inégalité des ailes.

Que de choses il me resterait à vous dire de la trompe du papillon, de ses yeux. Car il en a une assez jolie provision. Lewenoeck a compté un ensemble de 34,650 facettes dans les deux yeux d'un papillon, c'est-à-dire 34,650 yeux, ayant chacun leur petite lentille ou cristallin, leur nerf optique. Comment le papillon peut-il voir distinctement avec une telle quantité d'yeux ? Comment voyons-nous avec deux yeux une seule image ? Je répondrai à la première question quand on m'aura fait une bonne réponse à la seconde. Au surplus, vous savez combien il est difficile de surprendre un papillon, ce qui prouve qu'il voit votre main de quelque côté que vous l'abordiez.

Ah ! voilà votre argynne envolée, vous lui avez donné la liberté ; hélas ! elle n'en a guère profité. Une hirondelle a pris dans son bec ce pauvre insouciant et l'a porté à sa nichée. De lui que reste-t-il ? Rien qu'un peu de poussière au bout de vos gants. Ne la secouez pas, nous allons l'examiner aux derniers rayons du soleil. Tenez voici un microscope... Vous riez. Et bien! oui, ce petit morceau de cristal que vous voyez attaché à la chaîne de ma montre c'est une lentille qui grossit à plus de cent fois. Que voyez-vous dans cette poussière? — Des écailles, oranges, rougeâtres, argentées, ovales à une extrémité, tronquées et dentelées à l'autre. — Vous voilà entomologiste à votre tour; vous m'avez désigné les papillons sous le nom d'insectes à écailles, ce sont les *lépidoptères* des messieurs dont je vous ai parlé un peu irrévérencieusement l'autre jour à propos de plantes.

Je n'ai pas de remords, et je ne vais pas moins dormir en conscience; souhaitant fort que vous n'en fassiez pas autant au milieu de ma prose.

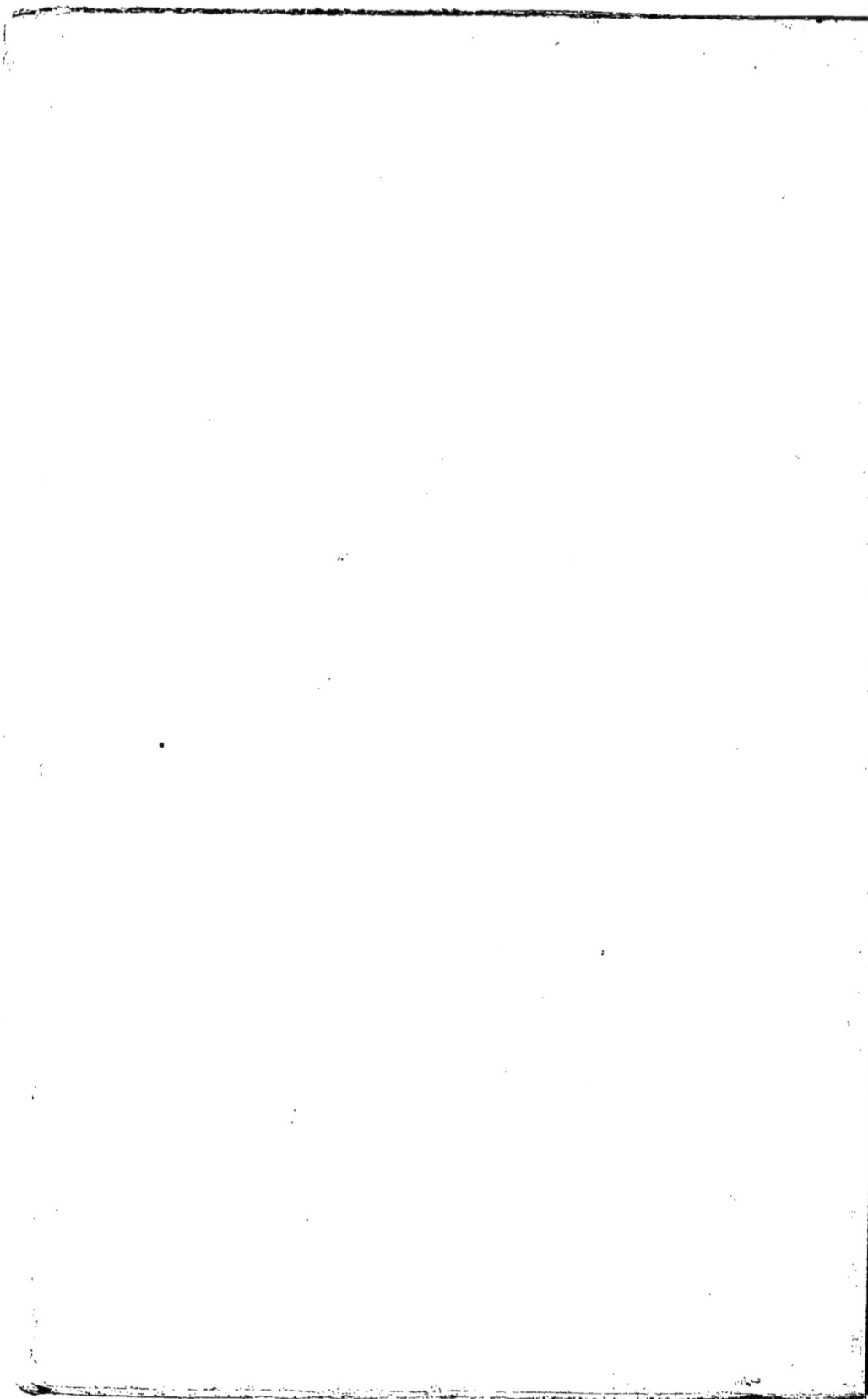

LA POMME D'ÈVE

UNE ARAIGNÉE SUR UNE BAÏONNETTE

GRUES OU CIGOGNES

—⋘⋙—

Lille, 15 juillet 1855.

A Madame Æ.....

« Quand on aime tant les fleurs on ne doit pas
dédaigner les fruits. »

Voilà ce que vous m'écrivez, Madame, en m'en
envoyant une magnifique corbeille. Hélas ! oui, la
carpophagie (l'étude des fruits sous la dent) est un
de mes péchés mignons — je vous sais gré de
l'avoir deviné, quand je me vois en présence de ces
trésors de votre jardin.

Vous me posez une question un peu difficile
à résoudre : Était-ce une pomme ou une poire qui
tenta notre mère Ève ?

J'ai voulu d'abord me faire une opinion d'après
les maîtres et je m'en suis allé à la bibliothèque de

3

Lille consulter un vénérable ouvrage en 6 vol.
in-folio intitulé : *Physique sacrée de J. J. Scheuchzer.*
Par malheur, un trop ardent bibliomane avait coupé
la planche XXIX du 1er vol. et les pages 39 et 40
qui m'auraient renseigné.

Réduit à mes propres lumières, j'ai réfléchi. Or,
je me suis dit : Dieu a mis aux mains de l'homme
les principes des choses, l'homme a développé
les principes et en a tiré les conséquences. Le
premier des principes c'est l'unité. Le cercle est
l'unité, il n'a qu'un centre. L'ellipse a deux foyers
ou centres, donc c'est le dualisme. La pomme est
un sphéroïde, forme primitive, la poire est un ellipsoïde, forme double, produit de la civilisation, qui
projette au dehors la forme primordiale ; donc la
poire n'a dû être qu'un second fruit et la pomme
le fruit primitif, le tentateur.

Faut-il une autre preuve? Permettez-moi, en
une question si grave, un léger jeu de mots : Le
positif, dans l'adjectif, est la forme simple. Cela
est si vrai que pour exprimer le 3e degré de comparaison, par exemple, le superlatif, l'hébreu employait
la triple répétition du positif : bon, bon, bon.
Tout degré supérieur au positif est par conséquent
un raffinement, une conséquence du progrès, il n'a
rien de primitif.

Si vous m'avez bien suivi, voyez la conséquence :
La pomme en latin se dit *malum*, d'où on a fait le
jeu de mots :

Malâ malâ mala mala mala mulier est.

Ce qui ne veut pas dire que la femme est cinq
fois méchante, mais bien : Une méchante femme
mange avec une mauvaise mâchoire de mauvaises
pommes.

Or, si *malum* veut dire pomme, il signifie aussi
mal, mauvais. La poire se dit dans la langue des
anciens romains *pira*. Sans y chercher une étymologie grecque, de laquelle on ferait dériver ce nom
du mot *pyra* qui signifie bûcher, à cause de la forme
de la poire, je vous ferai remarquer que *pira* a une
grande analogie avec pire, comme *malum* avec mal.
Pire est le comparatif ou second degré de mal, d'où
je conclus que mal ayant existé avant pire, ce dernier
n'étant qu'une forme du progrès, *pira* ou poire n'est
venu qu'après *malum* ou pomme.

En outre, disons encore qu'autrefois l'on appelait
pommes femelles les pommes proprement dites,
pommes mâles les poires ; que la chair des pommes
est moins dense que celles des poires, ce dont vous
pouvez vous assurer en taillant deux cubes ou deux

sphères de l'un et de l'autre fruit. Placez-les dans un vase rempli d'eau, le morceau de pomme surnagera, le morceau de poire s'enfoncera. En d'autres termes, la pomme est légère, la poire est lourde. Concluez, je vous prie, et sans trop m'en vouloir, à quel sexe convient l'emblème léger, et ce qu'a dû faire Ève.

Je sais que certains auteurs ont dit : la pomme du Paradis terrestre était une orange, *citrus paradisiaca*. Mais ce citron est encore un ellipsoïde. Et aux pommes d'or d'Atalante, j'opposerai la pomme de la Discorde qui donna à Pâris une si belle réputation de juge..... impartial.

Reste la banane. Ceux qui ont pris parti pour ce fruit ont été séduits par les feuilles qui ont pu, je ne le conteste pas, servir de premier vêtement au Paradis terrestre, elles ont six pieds de long sur douze à quinze pouces de large; assurément cela vaut mieux que la plus belle feuille de vigne pour servir de parapluie.

Mais songez, je vous prie, que le fruit du bananier se compose d'un régime formé d'une multitude de figues d'une forme extrêmement ellipsoïde, ce qui est contre ma théorie de la forme primitive.

Vous objectez que cette théorie est trop mienne

pour que vous y croyiez aveuglément. — Elle est justifiable et justifiée, je veux y ajouter le témoignage d'un ami qui, pour être romancier, n'en est pas moins bon raisonneur. Voici ce que dit M. G. de la Landelle dans un livre, que j'espère bien voir bientôt publier et qui se nomme : *Le Club des Damnés.*

« En enfer, la ligne courbe est exécrée, comme d'origine céleste......, une roue étant circulaire doit être et est un objet d'abomination en enfer. »

Ainsi en enfer il n'y a point d'*arcs* de triomphe, ils sont remplacés par des *angles* d'orgueil.

Or l'enfer, c'est ce qui est laid; le ciel, c'est ce qui est beau. Plus la ligne s'écarte du cercle, plus elle s'éloigne du beau. Hogarth, dans un tableau célèbre, a prouvé aux yeux cette théorie : que la ligne courbe est la ligne de la grâce, de la perfection.

Eh bien! je lis dans la Genèse que la mère des vivants vit que le fruit de l'arbre non-seulement était bon à manger, mais encore qu'il était *beau et agréable à la vue.* Donc il devait avoir la forme ronde, donc c'était une pomme.

Pour terminer cette dissertation, un peu longue peut-être, j'ajouterai que le démon, sous la forme du serpent, en s'adressant à Ève pour lui faire remarquer la beauté des formes, les couleurs vives et séduisantes, l'arôme délicat, la saveur parfumée du fruit de l'arbre de la science du bien et du mal rendait hommage à la perfectibilité des sensations de la femme. Que voilà bien un être infernal !

Détestables flatteurs, présent le plus funeste
Que *nous donna* jamais la vengeance céleste.

J'ai répondu de mon mieux à votre demande, Madame, permettez-moi de continuer à vous entretenir des fruits. C'est une question toute d'à-propos, en ce moment où commencent à paraître les présents de Pomone, comme on disait il y a 30 ans.

D'abord, je rends hommage à ceux qui sont là sur ma table : Voici des prunes couvertes encore de leur poussière glauque, fard que leur a donné dame nature; des pêches au duvet soyeux, des pommes Saint-Jean, des calvilles d'été, des carmins de juin et des poires joannet, des sept-en-bouche, des muscat-robert, des bourdon-musqué. Ce sont les dépouilles de votre jardin de la vallée de Montmorency, où vous vous êtes retirée en ermite, faisant infidélité à votre Flandre. Au beau milieu de ce fouillis embaumé je vois un ananas superbe. Que vous m'allez rendre gourmand !

A propos de cet ananas, et pour ne pas perdre un souvenir assez récent, voici un fait que me racontait il y a peu de jours une personne qui a un peu habité la Martinique.

« Français et par conséquent curieux et amateur, me disait-il, je me donnais à bouche que veux-tu de ces délices que les arbres me tendaient au bout de leurs branches. Un jour que j'étais fort affairé à déguster un ananas, entra dans ma case de bambous un créole qui me dit en grasseyant comme un beau du Directoire : Mon cher, vous ne savez pas manger l'ananas. Coupez-le par tranches, faites infuser dans le vin muscat et demain vous m'en direz des nouvelles.

« Je fis comme me le disait le créole et j'attendis au lendemain pour juger de la recette.

« Mais j'avais oublié mon couteau dans l'ananas, et quand le jour suivant je le voulus retirer, je n'eus en main que le manche. La lame d'acier s'était complétement dissoute, il n'en restait pas plus que de la pièce d'or ou d'argent qu'on abandonne dans une cuvette de mercure. »

Je retourne aux pommes.

Elles furent connues de toute antiquité, et après la Bible je pourrais citer Solon, ce grand *réglementateur* de toutes choses, lequel ne jugea pas au-dessous de lui de prescrire comment les jeunes mariés devaient en user.

A Rome, diverses espèces tirèrent leur nom des familles qui les avaient introduites : ainsi il y eut les manliennes, les claudiennes, les appiennes. C'était le renversement de la coutume qui présidait aux noms de familles. Les Fabius cultivaient des fèves — *faba*, — Cicéron avait un pois chiche — *cicer*, — au bout du nez, — Plaute avait les pieds plats et les Flavius possédaient un attelage de chevaux à la robe jaunissante — *flava*.

Les conquérants du monde appelaient notre bon-chrétien pompéienne ; la St-Martin, amerina ; le beurré était la volémienne, parce qu'elle remplissait la paume de la main ; la cuisse-madame se nommait onychine, parce qu'elle avait la couleur des ongles.

Voici une coutume assez bizarre que nous rapporte M. Malo. Dans quelques-unes des îles de l'Archipel, les jeunes filles, le jour de la Saint-Jean, se font une ceinture de pommes, nommée *kledonia* ; elles gravent leur nom dessus, l'ornent de fleurs et de rubans et la portent toute la journée, puis la gardent avec soin. Si les fruits se fanent promptement, c'est d'un mauvais augure ; si au contraire ils se conservent, c'est un heureux présage, la jeune fille vivra longtemps, elle se mariera dans l'année, espoir qui fait toujours plaisir aux jeunes filles, qu'elles soient grecques ou françaises.

Ainsi dans la Normandie j'ai vu, dans les familles qui comptent un absent, conserver un morceau du gâteau des rois. Si le gâteau se moisit, l'absent est malade ou en quelque détresse; s'il se conserv intact, l'absent est en bonne santé et prospère. Ce sont-là de douces superstitions.

Ce n'est pas pour nous au moins que Dieu avait d'abord donné aux fruits leur enveloppe charnue; cette substance qui entoure le grain, le pépin ou le noyau, est l'engrais naturel destiné à nourrir la semence reproductrice; aussi le fruit que l'on sème devrait-il être mis en terre tout entier. C'est ainsi que la glaire de l'œuf est le premier aliment de l'oiseau.

Il y a des exceptions cependant; le fruit du gui, de l'olivier, ont besoin pour germer de l'action puissamment digestive de certains oiseaux. Les pigeons des Moluques ont souvent été les reproducteurs des muscadiers.

Au reste, on a remarqué que le meilleur mode de conservation des graines est de les placer dans de la cassonnade. Cette observation s'applique aux greffes. Ainsi M. Gérard, se trouvant à la Caroline,

envoya à M. Van Mans, à Bruxelles, des greffes de
poiriers d'Amérique, contenues dans une boîte de
fer-blanc remplie de miel et soigneusement enduite
de cire aux jointures. Après un voyage de dix-huit
mois, ces greffes furent employées et elles prirent
parfaitement. C'est qu'en effet le principe sucré est
un des meilleurs agents de conservation pour les
substances végétales.

Les anciens conservaient les fruits en les endui-
sant de terre argileuse, puis les plaçant dans des
vases que l'on enfouissait en terre. Tel est le témoignage d'Apulée et de Pline. Nous avons trouvé la
méthode trop salissante; nous conservons nos fruits
non plus dans le plâtre, la cire ou la cendre, mais
dans des glacières, sur des lits de mousse, à l'abri
de l'air.

C'est une consommation importante que celle des
fruits ; à Paris seulement, elle représente un chiffre
annuel de 10,000,000 de francs.

Je n'en finirais pas de parler de fruits et cependant je veux me borner, Madame. J'aurais pu vous
citer les merveilles de la greffe. Il me souvient que
dans le jardin où se passa mon enfance existait, et
il existe encore, un poirier que mon père appelait
sa bibliothèque. Trente-cinq à quarante sortes de
fruits s'étageaient sur cet immense espalier, chaque

branche donnait son espèce en sa saison ; c'était un curieux coup d'œil que ces formes variées, ces nuances des fruits, des feuilles et des bois.

Une remarque de Mlle Karcher a été cause de la production de bizarreries dans les fruits. Cette dame avait expérimenté qu'en coupant un fruit vert encore sur sa tige, la cicatrisation se faisait, de nouvelles cellules se formaient, et même parfois il ne restait pas de traces de l'amputation. D'autres, curieux de suivre le procédé, réunirent des fruits poussés sur une même branche, en les taillant avec soin et les entant l'un sur l'autre ; ils parvinrent à grouper deux à trois poires qui n'en formèrent qu'une. Il en fut qui allèrent plus loin et réunirent des fruits d'espèces différentes.

Je veux quitter ce sujet plein de merveilles et je ne puis m'y résoudre sans vous avoir auparavant raconté un fait que cite Valmont de Bomare et qui a été expérimenté par Duhamel. Ce n'est certes pas le moins curieux de ceux que je vous ai rapportés.

« M. Duhamel fit planter des arbres, les branches
« dans la terre et les racines en l'air : ils ont repris
« dans cette étrange position ; les branches ont
« produit des racines, et les racines des feuilles.
« Ils ont poussé d'abord plus faiblement, mais dans
« quelques-uns de ces sujets la différence au bout

« de quelques années ne s'apercevait plus. Il a
« disposé des boutures les unes dans leur position
« naturelle, les autres dans une position renversée,
« et les a placées de manière qu'elles produisaient
« alternativement des bourgeons et des feuilles,
« ensuite des racines, et après cela des bourgeons
« et des feuilles : la partie entourée de terre donnait
« des racines ; celle qui était à l'air donnait des
« bourgeons et des feuilles.

. . . .

« Le peuple rira du philosophe quand il le verra
« dans ses jardins occupé à déraciner des arbres
« pour les mettre la cime en terre et les racines
« en l'air; mais ce peuple s'émerveillera quand il
« verra les branches prendre racine et les racines
« se couvrir de feuilles. Tous les jours le sage
« joue le rôle de Démocrite, et ceux qui l'envi-
« ronnent celui des Abdéritains¹. »
Voilà des sujets d'étonnement.
Il vous plaît, Madame, que nous parlions un
peu des insectes. Je suis le plus humble de vos servi-
teurs. Justement j'aperçois parmi ces fruits tenta-

¹ *Dict. d'Hist. nat.*, par Valmont de Bomare, 1764.
Tome I, pages 179-180.

teurs une araignée à longues pattes, un faucheux ;
causons araignée :

— Eh, Monsieur! que pourrez-vous en dire après
le dicton populaire : « Araignée du matin, grand
chagrin! araignée du midi, grand plaisi! araignée
du soir, grand espoir! » — Qui sait! laissez-moi essayer
de vous montrer l'araignée fileuse, tisserand, télégraphe, cloche-à-plongeur.

Je vous ai bien étonnée en vous énumérant les
34,650 yeux du papillon. Voici une bien autre
histoire. Le fil de l'araignée est fourni par 6 mamelons visibles, situés vers l'extrémité du ventre,
chacun de ces six mamelons contient mille filières,
garnies chacune d'un muscle pour resserrer ou
dilater le passage du fil, en un mot pour filer plus
ou moins fin. Donc un fil d'araignée se compose de
6,000 épaisseurs, et de ces fils il faudrait, d'après
Réaumur, 90 pour faire un fil égal en force à celui
du ver à soie et au moins 18,000 fils complets ou
108 millions d'épaisseurs primitives pour former un
fil à coudre.

Voilà de l'infini dans la matière. Eh bien! de
ces fils, en 1709, M. Bon, premier conseiller de
la Chambre des comptes de Montpellier, fit fabriquer des mitaines et des bas qui furent envoyés
à l'Académie des sciences. L'idée fut étudiée, les

immenses difficultés de la nourriture des araignées, la préparation des toiles et des cocons, tout cela fut vaincu. Mais il resta un obstacle insurmontable : Pour une livre de soie d'araignée il fallait 28,000 coques, or il n'y a que les femelles qui filent. Jugez du nombre d'individus à élever. Il y avait plus encore : il existe entre les araignées une haine extrême, il eût été nécessaire de leur fabriquer à chacune une cellule séparée. Vous voyez que les araignées ne sont pas pour le phalanstère. Mais en revanche elles sont communistes. Quand l'âge a épuisé chez une vieille araignée la matière à filer, elle va chasser de sa toile une araignée plus faible et la voilà casée, je voulais dire *rentoilée !*

L'araignée ne file pas seulement, elle tisse. Il vous est peut-être arrivé de vous demander comment fait une araignée pour tendre sa toile d'un arbre à l'autre : car, enfin, elle ne vole pas; et, s'il faut marcher et traverser la distance, il y a bien des obstacles.

La question n'est pas insoluble. C'était en 1849, en avril ou mai. Sous l'uniforme du soldat citoyen je montais ma faction sous les arcades de l'hôtel de ville d'Arras. Ce n'était guère amusant, et le moindre objet de distraction me devait être précieux. Je songeais à l'araignée de Pélisson lorsque en voici une qui descend sur la baïonnette de mon fusil. J'examinai. De la baïonnette l'insecte descendit sur la grille en fer contre laquelle je m'appuyais. Elle me parut fixer son fil ; en effet, je la vis ensuite se suspendre comme un pendule et osciller jusqu'à ce qu'elle arrivât de la première barre à la seconde. Deuxième point d'appui. Elle se servit de cette première ligne pour en mener une douzaine d'autres en rayons comme les jantes d'une roue, puis elle disposa des lignes transversales formant des polygones de plus en plus serrés jusqu'à ce qu'elle revînt au centre. Les fils fraîchements filés étaient gluants et ceux de la trame se collaient ainsi sur la chaîne. Dites-moi, après cela, si l'araignée n'a pas victorieusement prouvé que le plus court chemin d'un point à un autre n'est pas la ligne droite, mais la ligne courbe.

Voyons maintenant l'araignée télégraphe. Placée au centre de sa toile, où arrivent les moindres bruits, elle reconnaît la prise. Le bruissement du moucheron a retenti d'un bout à l'autre de la ligne, l'araignée arrive comme un matelot qui hâle sur une corde. Elle dévore sa victime. C'est une mouche : L'araignée l'enveloppe de fils comme d'un réseau et l'emporte. Est-ce une grosse mouche à laquelle l'araignée se sent inférieure ? Elle prend bravement son parti, déchire la toile, met la prise en liberté, puis raccommode son filet.

L'araignée cloche-à-plongeur est l'araignée aquatique. C'est le P. Labat que je consulte.

Le dessous du ventre de cet espèce est gras, et lorsque l'insecte se plonge dans l'eau, il y demeure une bulle d'air, l'eau ne joignant pas immédiatement le corps. L'araignée attache quelques fils à des brins d'herbe dans l'eau, puis remontant à la surface, le ventre en haut, elle prend et ramène une bulle d'air qu'elle dépose sous l'espèce de filet qu'elle a formé auparavant. Elle recommence son manège jusqu'à ce que sa cloche d'air soit assez volumineuse pour la contenir. Là elle vit, elle mange. Ce qu'il y a de plus curieux, c'est que cette bulle d'air serve de moule et de base à une coque que l'araignée file ensuite tout à l'entour sans faire crever sa demeure, en un certain sens aérienne.

Eh bien! Madame, avais-je raison de vous recommander l'araignée comme étude?

Ma lettre s'est allongée outre mesure, et cependant je dois répondre à votre dernière demande : Quelles variétés de géraniums faut-il choisir pour vos emplettes? D'abord, Madame, il n'y a plus que les ignorants qui disent des *géraniums;* les savants disent des *pelargoniums*.

Autrefois tout cela se nommait geranium, mais, comme le personnage du *Malade imaginaire*, les savants peuvent dire : Nous avons changé tout cela. Il y a les *erodium*, les *géranium*, les *pelargonium*, c'est-à-dire les grues, les cigognes, et les grues encore et ces noms indiquent la forme de la graine qui ressemble plus ou moins à la patte des volatiles en question.

Si donc vous tenez à connaître les espèces recommandables, je vous dirai : Adressez-vous de confiance à un véritable horticulteur, Miellez à Lille, Henry Demay à Arras. Je voudrais avoir le loisir de vous raconter ma promenade dans les serres de ce dernier, de vous décrire cette végétation tout exceptionnelle, ce développement de fleurs, anglaises d'une part, françaises de l'autre, rose, orange, blanc, vermillon, largement maculées de pourpre, de noir, de marron, de feu ; je vous dirais : Prenez Feu-Follet, Prométhée, Vesta, Insignis, Argus, Talma, d'Henry Demay, Eugène Scribe, Eugénie Duval, Adolphe Odier, Scaramouche et autres d'Odier, Striatum perfectum, Punch, Ixio de Miellez, et puis ceux de Hoyle, de Gaines, de Foster, de Turner.

J'aurai plus vite fait de vous prier d'accepter le bouquet que je me permets de vous offrir et de vous dire : choisissez.

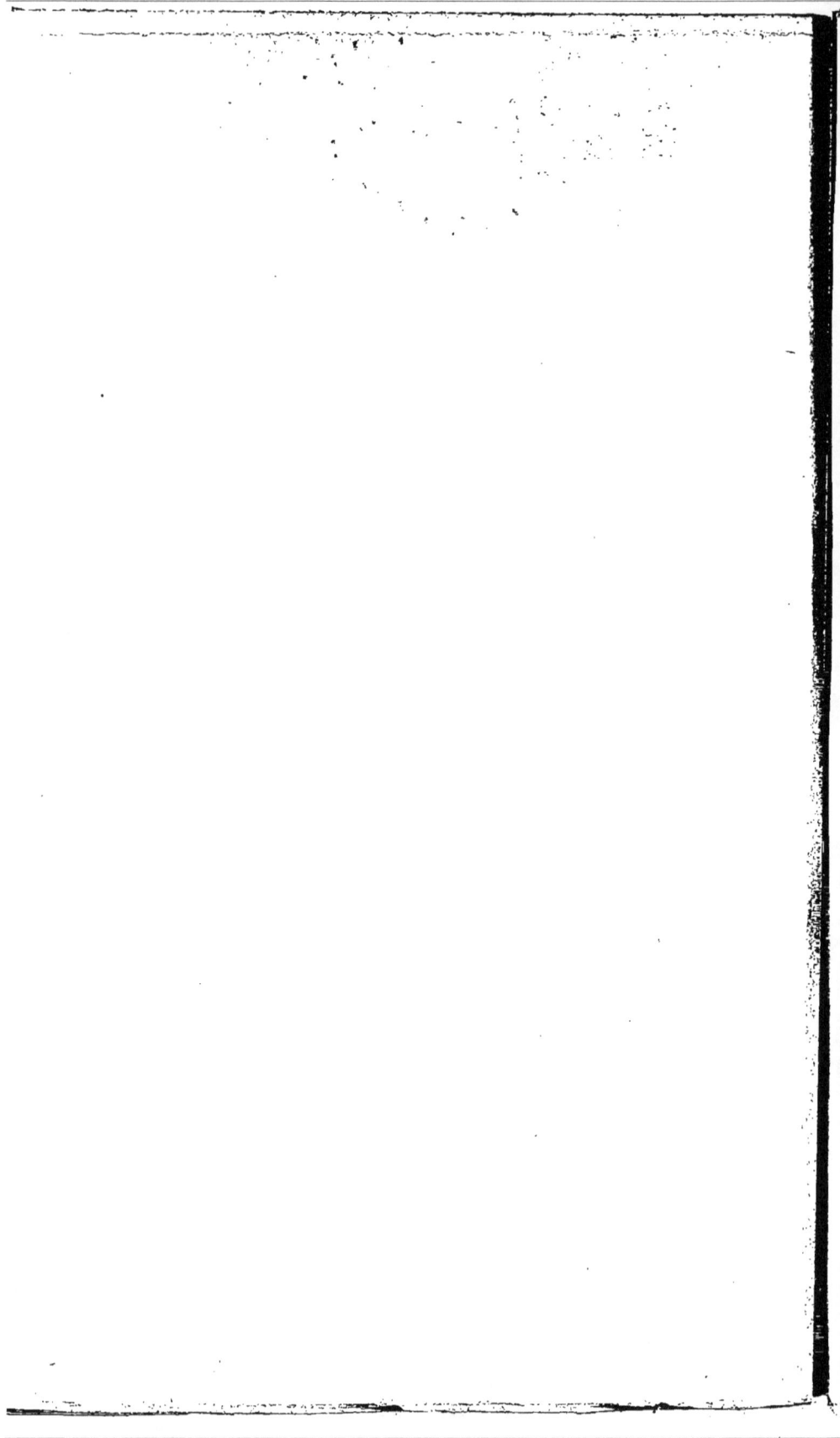

MONTMORENCY

UN TESTAMENT EN FORÊT

Taverny, 20 septembre 185...

A Madame Æ.....

Connaissez-vous, Madame, quelque chose de
meilleur, pour un malheureux habitant du Nord,
que d'aller en forêt, s'étendre sous les grands
arbres et respirer les amères senteurs qui s'échap-
pent de la feuillée, écouter le bruissement des
insectes cachés dans les fleurs, surprendre les jeux
du lézard qui fait miroiter l'or verdâtre de ses
écailles au soleil?

Voilà un de mes grands bonheurs lorsque l'au-
omne rougit les feuilles des vignes et répand sur
la cime des grands arbres les tons chauffés de sa
magique palette; voilà la jouissance que je me donne
depuis quarante-huit heures, que je voudrais me

4

donner encore, afin d'y songer plus longtemps de retour dans la cité lilloise, comme le voyageur de nos anciennes voitures se sentait bercé les premières nuits après son voyage par l'illusion des souvenirs des cahots.

Nous sommes ici loin du monde comme si les cinq lieues qui nous séparent de la grande ville étaient un désert. Il est midi, la table du déjeuner est enlevée, et du jardin la forêt nous crie : Venez, par toutes ses voix intérieures, charmantes mélodies que fait résonner le vent et que les papillons apportent sur leurs ailes. Les enfants mêlent la poésie de leurs voix argentines aux invitations de la colline.

En route donc, Marianne et Martin sont sellés : sur l'une chevauchent Blanche et Emilie, sur l'autre Marie et Gustave. Ma sœur et moi nous formons l'arrière-garde. Mais il fait chaud, la côte est escarpée. Le large chapeau de paille de Louise n'est plus assez grand pour l'abriter ; j'ai laissé de côté mon léger paletot, et nous gravissons au plus vite pour atteindre l'abri du bois.

Le souci de vignes étale amoureusement aux rayons de l'astre du jour les mille fleurs de sa corolle composée. Je ne sais pourquoi on a fait dévier ainsi le nom de cette plante pour en former l'emblème de la tristesse ; souci, autrefois *sol si*

— *sol sequium*, signifie : qui suit le soleil. Une espèce, nommée souci hygrométrique, ferme ses fleurs quand le temps menace. Les boutons, confits au vinaigre, forment des achards, la corolle sert à teindre le beurre.

Les Romains appelaient cette plante *Calendula*, du nom des calendes, parce qu'elle fleurit tous les mois. Aussi y trouve-t-on de mai à novembre des boutons, des fleurs et des graines.

Enfin nous sommes à couvert, nous avons atteint le bois, nous marchons à l'ombre des châtaigniers et des hêtres. O Virgile ! c'était sous un hêtre au feuillage épais que Corydon venait gémir sur l'indifférence d'Alexis ; sous un hêtre touffu Tityre accordait ses pipeaux légers pendant que Mœlibée quittait les champs paternels et les campagnes si douces à son cœur. Sur l'écorce grise et unie Mopsus traçait ses regrets de la mort de Daphnis.

Aujourd'hui que M. de Florian a tué les bergers et les bergères sous les rubans de leurs houlettes et de leurs agneaux, nos enfants ne vont plus sous le hêtre que pour en ramasser les faînes délicates, le poëte y rêve 4 1/2 p. °/₀ ou actions de chemins de fer, le peintre ébauche l'étude qui paiera les frais de crémaillère chez Mariette.

Nous sommes plus prosaïques qu'autrefois.

Que nous importe que les châtaignes tirent leur nom de Castane, ville de la Pouille, où les allèrent chercher les Romains ; que nous importe que ces conquérants du monde en mangeassent tellement qu'on appela ces fruits *populares !* Nous mangeons les châtaignes sans nous soucier des Grecs ni des Romains. Oh! la bonne chose, un plat de châtaignes bouillies, du cidre chaud et des rôties... sans beurre, bien entendu.

On ne saurait parler de châtaignier sans rappeler celui de Sicile, proche de la ville d'Aci, et que l'on nomme châtaignier du mont Etna, châtaignier aux cent chevaux. L'histoire, vous n'êtes pas tenue de la croire, rapporte que Jeanne d'Aragon, se rendant d'Espagne à Naples, s'arrêta en Sicile pour visiter le mont Etna. Pas plus qu'Alphonse le Sage, la belle Jeanne ne pouvait se vanter de commander aux éléments. Les femmes ont bien des points de supériorité sur les hommes, quand ce ne serait que de leur imposer leurs lois; mais jamais la femme, la plus femme, n'a su faire le beau ou le mauvais temps. Il arriva donc qu'un orage éclata et Jeanne dut chercher un abri. Ce fut le châtaignier en question qui le lui donna ainsi qu'à toute sa suite.

Ce qu'il y a de bien positif, c'est que le tronc, dit Houel dans son *Voyage aux îles de Sicile, de*

Malte et de Lipari, a 160 pieds de circonférence, qu'il est creux et sert de demeure à un berger et à son troupeau.

En France nous possédons quelques châtaigniers assez recommandables : je ne citerai que celui de Sancerre (Cher), qui n'a que 10 mètres de circonférence, le petit, et ne compte que 1,000 ans d'existence. C'est peu auprès des baobabs d'Adanson, qui ont vu les orages de 6,000 ans et mesurent en moyenne 30 mètres de circonférence.

Au milieu de ces arbres de la forêt s'élève dans son orgueilleuse majesté l'arbre de Jupiter, le chêne, qui fit autrefois la renommée de Dodone. N'ai-je pas lu en quelque auteur que les jantes des roues d'un char construit avec ces arbres sacrés rendirent un son plaintif, un cri déplorable, lorsque le guerrier du char fut atteint par un javelot ennemi. Un critique méchant m'a dit : La chose me paraît des plus naturelles, on avait négligé de graisser l'essieu.

Nos aïeux rendirent au chêne de grands hommages ; c'était au milieu de son feuillage que les druides allaient, aux pâles rayons d'une lune du solstice d'hiver, couper le gui sacré, d'où nous est resté le cri : *Anguinel !* au gui nouveau, au gui l'an neuf. Dans le pays Chartrain particulièrement, les étrennes se nomment encore *aiguillan*.

On dressait autour du chêne un autel triangulaire formé de gazons. On gravait sur le tronc et sur les deux plus grosses branches de l'arbre les noms des dieux les plus puissants ; ensuite un druide, vêtu d'une tunique blanche, montait sur l'arbre et coupait le gui avec une serpette d'or, tandis que deux autres étaient au pied de l'arbre pour le recevoir dans un linge blanc et prendre bien garde qu'il ne touchât la terre. Alors on immolait des victimes, on priait les dieux, les druides distribuaient l'eau dans laquelle ils avaient trempé le gui, et persuadaient au peuple qu'elle jouissait de vertus magiques.

Ce fut sans doute une touffe de gui que remit au fils d'Anchise la Sibylle, le conduisant aux Enfers.

Une couronne de feuilles de chêne était à Rome la récompense de celui qui avait sauvé la vie à un citoyen ou qui s'était illustré par quelque autre acte de civisme.

Le chêne dut ces honneurs à plus d'une précieuse qualité. Ses fruits ont été l'aliment des hommes en tout temps, non pas le gland à goût amer de nos forêts, mais le gland doux de l'Asie-mineure, de la Grèce, des montagnes de l'Atlas, le gland que l'on vend sur les marchés de Bône, de Constantine, d'Alger. Et puis, que de ressources dans cet arbre ! L'écorce sert à la tannerie, le bois si dur et de longue durée est employé en menuiserie, chez les charrons. Dans le chêne-liége l'homme a trouvé cette substance légère aux emplois nombreux. Un chêne-liége peut être écorcé vers sa trentième année, l'opération a lieu tous les huit à dix ans, et l'arbre n'en continue pas moins de vivre encore cent à cent cinquante ans.

Au reste, l'existence du chêne est presque sans limites. Pline rapporte que de son temps il existait sur le Vatican un chêne vert antérieur à la fondation de Rome. On sait combien est lent l'accroissement de cet arbre, — la dureté est en raison de cette lenteur; — le même auteur parle d'un chêne de la forêt de Tusculum et qui avait 10 mètres de circonférence.

Une sorte de chêne fournit le kermès, usité pour la teinture rouge avant la découverte de la cochenille.

C'est encore sur un chêne que croît la noix de galle, dont l'infusion sert en partie à composer l'encre avec laquelle j'écris ces lignes.

Depuis un moment vous me voyez fureter sur le revers d'une pente découverte, j'ai trouvé là en abondance un petit sous-arbrisseau assez rare aux environs de Paris et que je fourrage comme un vrai botaniste. Imaginez-vous un myrte en miniature :

les fleurs en sont depuis longtemps passées, elles ont été remplacées par des fruits bleus, gros comme des groseilles. J'en forme un bouquet énorme que je rapporte aux enfants, descendus de leurs ânes après avoir quitté le carrefour des Six-Routes. Des brimbelles ! des brimbelles ! s'écrient Gustave et Blanche.

Ce sont en effet les fruits du brimbellier, ou myrtil, autrement dit airelles ou raisins de bois, *heidelberge* en allemand. Virgile les a célébrés : « Les fruits du blanc troëne tombent, les noires airelles se cueillent. » Les enfants se précipitent sur ces fruits aigrelets et les mangent avidement, eux qui deux heures auparavant dédaignaient presque le raisin de la treille du jardin. C'est qu'à leur insu ces enfants reviennent aux goûts primitifs, comme rentrant momentanément en jouissance de ces droits naturels que la civilisation a échangés contre ceux de la propriété qui borne la jouissance de chacun aux fruits de son travail.

Voilà bien des fossés franchis, des couverts de bois traversés. Marianne et Martin sont couronnés de branchages de châtaignier garnis de leurs fruits épineux; on leur a donné un moment de liberté; nous sommes à la fontaine de l'Auriette. A cinq cents pas de là se dresse une colonne. Triste souvenir !

Là se voyait la fenêtre à laquelle on trouva pendu un jour ce vieux prince, rameau brisé de la souche des Condé.

Nous nous asseyons sur la fougère aquiline. J'en tire une plante, et taillant la racine en biseau je montre aux enfants une image ressemblant à l'aigle à deux têtes de la maison d'Autriche. Mais ils nous quittent et s'en vont se délasser de leurs fatigues par de nouvelles gambades, après avoir bu à longs traits l'eau de la fontaine voisine mélangée avec le vin qui rit dans la fougère. Vous savez pourquoi cette expression d'un de nos chansonniers. La fougère fournit une grande quantité de potasse qui sert à la fabrication du verre.

Emilie, plus grave de ses treize ans, cueille les grappes purpurines et violacées des bruyères; *brug*, arbrisseau, en langue celtique, ou encore *frych*, dans le même idiôme, d'où nous disons une terre en friche, c'est-à-dire inculte et envahie par les bruyères.

D'un autre point de la forêt nous voyons s'avancer vers nous une promeneuse escortée de ses deux enfants, Mme W..., charmante conteuse, qui nous tient quelque histoire en réserve sans doute. Et tenez, je vais lui laisser la parole, j'ai abusé du droit que vous m'avez donné de faire de la science.

Fort bien, nous sommes commodément assis pour écouter, Mme W... commence :

Là-bas, bien loin, voyez ce petit toit pointu, c'est là que demeurait une bonne vieille amie de ma mère, Mme la baronne de Gaglia. Une matinée de juin 1838, elle était assise devant son bureau de laque et ses doigts couraient agiles sur le papier :

« Voici la saison des roses et de l'herbe fraîche,
« mon bon M. Boucheré ; votre beurre doit être
« excellent ; veuillez donc songer à ma provision.
« Vous viendrez vous-même me l'apporter au
« 25 juin, de manière à vous trouver à Z... vers
« dix heures du matin. J'ai à vous entretenir de
« choses très-graves. Je connais votre exactitude,
« j'y compte.

« L. DE GAGLIA. »

Le lendemain la maison du père Boucheré était en rumeur ; la ménagère pétrissait le beurre de ses bras robustes, l'aînée des filles le lavait, une autre préparait les pots garnis d'osier, chacun travaillait activement. Il s'agissait de Mme la Baronne, une fameuse pratique et puis une si bonne dame !

En effet, Mme de Gaglia avait une réputation d'affabilité très-méritée d'ailleurs, et qui lui conciliait tous les cœurs. Demeurée veuve, sans enfants, après quelques années de mariage, elle mettait son bonheur à s'entourer de malheureux dont elle s'était faite la mère. Aucune misère ne demeurait sans soulagement, la baronne avait pour tous des consolations; et au pain qui nourrit, au vêtement qui habille, elle joignait la parole qui double le prix du bienfait.

Grâce à ses libéralités, le village de Z... avait été doté d'une école de filles; jusque-là les deux sexes avaient été réunis; elle y avait placé comme directrice de ces vénérables sœurs pour qui l'instruction est autre chose qu'une spéculation de marchands de soupe. Une église vaste mais simple avait remplacé la chapelle qui tombait en ruines. Tous les cœurs aimaient, toutes les bouches bénissaient la baronne de Gaglia.

Le 25 juin, de bon matin, le père Boucheré avait fait toilette pour se rendre à l'appel de la baronne. Il avait attelé la grise à sa charrette à treillis verts, et dix heures moins un quart sonnaient à l'église lorsqu'il installait sa bête dans les écuries du château.

Puis le voilà à l'office, déchargeant son beurre, c'est sa première occupation; il entremêle l'éloge

de sa marchandise avec ses saluts et ses réponses
à Mme de Gaglia, qui s'informe avec bonté de la santé
de chacun et des affaires de l'honnête marchand.

Malgré qu'il en eût, le père Boucheré fut ensuite
introduit dans un petit salon d'été où se trouvaient
déjà réunis un certain nombre des fournisseurs du
château. Mme de Gaglia, prétextant de soins d'intérieur, abandonne quelques moments ses hôtes. On
eut vite fait connaissance, et bientôt chacun raconta
comment un billet l'avait appelé à Z... en ce même
jour, et on se demanda quelle était la chose grave
dont avait voulu parler la baronne. Les conjectures
les plus bizarres allaient leur train ; le retour de
Mme de Gaglia vint y mettre un terme.

Le déjeuner était servi à la salle à manger.

— Messieurs, dit la baronne, l'entretien pour
lequel je vous ai mandés est extrêmement important pour moi ; néanmoins il vous semblera conve-
nable de le faire précéder d'un repas dont vous
devez tous avoir besoin.

En disant ces mots, un sourire plein de bonhomie
malicieuse se jouait sur les lèvres de Mme de Gaglia;
elle ajouta :

— Vous m'excuserez si la chère n'est pas des
meilleures ; vous ne trouverez sur cette table que
ce que chacun de vous m'a fourni ; vous serez vos

juges réciproques et vous ne pourrez vous en prendre qu'à vous-mêmes des défauts que vous y rencontrerez.

L'activité que déployèrent à l'envi les convives de la baronne ne tarda pas à prouver l'inutilité de cet exorde rempli de précautions oratoires, et l'on put juger que personne n'avait consciencieusement de reproches à faire à son voisin.

Les premiers moments furent exclusivement consacrés à l'intéressante occupation de vider les assiettes, puis les bouteilles délièrent les langues, donnèrent de l'assurance au plus timide; et entre les fraises et le fromage maître Guillaume, le boucher, tacitement désigné pour l'orateur de la troupe à cause de sa diction facile, commença l'attaque qui tardait trop à son gré :

— Madame la baronne, dit-il, vous pouvez juger de notre empressement à accourir à votre appel. Vous plairait-il maintenant de nous en faire connaître le but et de mettre un terme à notre anxiété.

— Je suis heureuse de voir que votre anxiété n'a pas fait tort à votre appétit, répartit Mme de Gaglia. Au reste, votre demande est juste et je vais la satisfaire.

En même temps un domestique apporta un petit buvard.

— Maintenant, Messieurs, continua la baronne, que ma conduite vous paraisse bizarre, étrange, je vous l'accorde et vous prie de ne pas trop m'en vouloir. J'ai toujours du plaisir à voir de braves gens, et je ne regretterais pas, ne serait-ce que pour cette raison, de vous avoir un peu dérangés. D'ailleurs, vous me pardonneriez plus tard si vous m'en vouliez aujourd'hui. Mes manies sont à moi, mais je ne défends à personne d'en penser ce qui lui plaît.

Mon Dieu! mes bons amis, en vieillissant on prend de petits travers, je m'en aperçois. Je crois que je deviens avare...

— Oh! Madame la baronne peut-elle dire..., interrompit maître Guillaume; c'est une calomnie.

— Aussi, mon cher M. Guillaume, n'ai-je pas voulu dire que je deviens bien positivement avare; mais il me pousse des idées qui ont de lointains rapports avec l'avarice. Or, j'ai eu dernièrement une de ces idées. J'ai désiré savoir combien chacun de mes fournisseurs gagne avec ma maison. Voyons, maître Guillaume, à vous de commencer. Faites votre confession.

Cette demande toute naïve ne laissa pas que d'embarrasser terriblement le brave boucher; c'était un dilemme terrible. S'il annonçait une perte, on n'y croirait pas; ou peut-être lui enlèverait-on la charge d'une pratique aussi préjudiciable à ses intérêts. S'il était sincère, n'avait-il pas tout autant à craindre?

Il prit à la fin son parti, et toussant pour s'éclaircir la voix pendant que sa figure passait par tous les tons de rouge connus, il répondit :

— Si ce n'était le bonheur de servir Madame la baronne et le désir de continuer une clientèle que nous possédons de père en fils, le bénéfice ne serait pas de nature à me tenter. Je puis assurer à Madame que dans toute cette affaire la spéculation n'est point mon fait. L'honneur...

— Oui, je sais, mon bon M. Guillaume, mais dites votre chiffre.

— Eh bien! en conscience, bon an, mal an, le bénéfice est... hem! le bénéfice... hem!.. est de cinquante francs.

Cette modeste évaluation excita un sourire général ; un regard triomphant de maître Guillaume semblait dire : Allons, vous autres, faites mieux si vous savez.

Les différents fournisseurs, questionnés à leur tour, répondirent de manière à ménager, comme on dit vulgairement, la chèvre et le chou.

Cependant Mme de Gaglia notait toutes les réponses.

Le dernier interrogé fut notre première connaissance, le père Boucheré. En présence des atténuations de ses devanciers, il répondit bravement et sans hésitation que pour lui ses bénéfices atteignaient au moins, s'ils ne dépassaient, cinq cents francs.

L'hilarité devint générale. Quoi! un marchand de beurre gagnant cinq cents francs par an avec la maison de Mme de Gaglia! Le bon marchand riait plus fort que les autres.

. . . .

. . . .

Quelques mois s'étaient écoulés, l'église de Z... était tendue de noir, les cloches appelaient les fidèles à la prière, Mme de Gaglia était morte.

De toutes parts on était accouru : les pauvres surtout qui perdaient une mère; les malheureux pleuraient leur consolatrice. Cependant Mme de Gaglia ne les avait pas laissés sans ressource. Ses dernières dispositions y avaient pourvu.

Le 15 décembre se trouvaient de nouveau rassemblés dans le château ceux qui s'y étaient rencontrés peu de temps auparavant; chacun avait été convoqué par le notaire de la baronne. On y voyait aussi les maires, présidents des bureaux de bienfaisance des communes environnantes. J'allais presque oublier les neveux et nièces de Mme de Gaglia.

Il s'agissait de l'ouverture du testament.

Sur la première feuille on lisait ces mots :

« Ceci est mon testament, écrit en entier de ma main le 1er juillet 1838. »

Le commencement du testament offrait l'image parfaite de la vie chrétienne de la baronne. Mais ce qui intéressait au plus haut point nombre des auditeurs c'était le dispositif.

Mme de Gaglia avait désigné pour ses héritiers ses neveux et nièces qui devaient se partager ses biens après la délivrance des legs suivants :

« Je donne et lègue à la fabrique de l'église de Z... une somme de 6,000 fr. une fois payée, sans charge aucune que d'employer la rente à en provenir à l'entretien de l'église.

« Je donne et lègue au bureau de bienfaisance de Z.. une pareille somme de 6,000 fr., destinée à être employée au soulagement des pauvres de la commune.

« Je donne et lègue une somme de 500 fr. à chacun des bureaux de bienfaisance des communes suivantes :

— Ici les noms des diverses communes.

Suivaient des dispositions en faveur des gens au service de la baronne.

La dernière clause était ainsi conçue :

« En témoignage de mon estime pour les fournisseurs de ma maison, je donne et lègue à chacun
d'eux une rente viagère égale à la somme par eux
déclarée comme gain fait annuellement avec ma
maison, ainsi qu'il résulte d'une note en date du
25 juin 1838 et annexée au présent testament.

« Telles sont mes volontés. »

Je dois renoncer à exprimer l'étonnement et la
stupéfaction des parties intéressées à ce dernier
legs, en voyant que ce qu'on avait pris pour une
plaisanterie ou un caprice bizarre avait eu des suites
aussi peu attendues.

Maître Guillaume a renoncé à fausser jamais ses
déclarations ; il est devenu véridique et pas trompeur.
Ce qui est bien un peu drôle.

— Allons, enfants, cria à ses bambins et aux
nôtres la charmante conteuse, six heures vont bientôt
carillonner dans vos estomacs. En route !

Les selles furent galamment cédées aux petites
filles, les garçons se juchèrent sur la croupe des
ânes, et à travers les vignes nous redescendîmes à
Taverny où nous attendaient fumant sur leur réchaud
la perdrix aux choux et le rable de lièvre rôti.

DE LA BOTANIQUE

DANS L'ÉDUCATION DES FEMMES

LE LANGAGE BOTANIQUE, LES MÉTHODES

—◦◦◦◦—

Lille, 1er juillet 185..

A Madame X.....

« Vous êtes un incorrigible paresseux. Un beau
« jour, la plume vous démange aux doigts, vous
« barbouillez du papier et puis ne sachant à qui le
« jeter, vous l'envoyez en boulettes au nez du
« premier venu, à mon adresse par exemple. Quand
« ce beau feu de paille a brûlé jusqu'aux cendres,
« psitt! plus rien. Vous restez des semaines, des
« mois, sans qu'on entende parler de vous, etc. »

5

Voilà vos paroles, Madame, et je dois dire : Cela est mérité. Oui, je suis un incorrigible paresseux, et cette paresse m'interdit même la volonté de me défendre.

Vous voulez me lire ! vous ne savez pas à quoi vous vous engagez. Tenez, j'ai là quelques pages écrites pour l'*Association lilloise*, l'hiver dernier, permettez-moi de vous les expédier et de n'y rien changer. C'est convenu, vous êtes aussi bonne que spirituelle, vous acceptez. Au besoin j'ajouterai des notes.

MESDAMES, MESSIEURS,

Je viens le premier bénéficier de cette hospitalité
que demandait, il y a huit jours, en faveur des nouveaux venus, une parole aimée. Ce que vous accor-
diez si généreusement à la prière de notre maître
à tous[1], je le réclame spécialement. Pour mon modeste travail, je me suis inspiré de l'esprit des autres ;
ce que vous accueillerez favorablement ce sera le
produit de plus savants dans ce vaste champ de
l'intelligence, où chacun nous traçons notre sillon,
ici faible et à peine effleurant le sol, là ouvrant profondément la terre féconde où le grain germé pousse
de vigoureuses moissons que dore le soleil.

[1] M. le docteur Le Glay, président de l'*Association
Lilloise*.

Comme Juste Lipse, au début d'une de ses œuvres, j'inscrirai :

« D'autres m'ont fourni le bois et la pierre ; mais la construction et la forme de l'édifice sont entièrement de moi, j'en suis l'architecte, quoique j'aie pris autre part mes matériaux. L'araignée tire de son propre corps le fil dont elle compose sa toile ; cependant son ouvrage n'en est pas meilleur. De même aussi, le mien n'en vaudra pas moins, parce qu'à l'exemple des abeilles, j'ai ramassé ailleurs de quoi le composer. »

Je me propose de vous parler de botanique. Et pourquoi apporter cette science devant des dames ?

Je place mes paroles sous la protection de tant de doctes maîtres qui ont si élégamment traité ce sujet sans cesse étudié, jamais épuisé, sous la protection d'Auger de Bousbecques, dont le nom se lit aux murs de cette enceinte[1], et qui nous rapporta de son ambassade d'Orient le lilas aux thyrses embaumés qui parfument vos ombreuses maisons de

[1] La salle de l'*Association*.

campagne, et la tulipe dont le nom rappelle le turban turc comme ses couleurs celles du cachemire.

Et dans la ville qui s'honore des Lestiboudois, des Desmazières, du regrettable et regretté M. Macquart, l'étude des sciences naturelles a droit de cité.

La langue botanique est barbare a-t-on dit. Hélas ! l'un de nos vices en France, écrit l'élégant auteur de l'histoire morale des femmes, Ernest Legouvé, un nom bien connu de vous, Mesdames, « l'un de nos vices en France est de repousser les plus fécondes idées pour quelques duretés de syllabes, de rendre les faits responsables des mots qui les expriment et de ridiculiser de salutaires études pour un certain concours de mots harmonieux. Personne n'a été plus dupe et plus victime de ce dédain des mots que les femmes : Syllogisme les a exclues de la philosophie ; Protoxide ou tout autre, des sciences naturelles. »

Les nobles études ne doivent point être le partage de l'homme seulement, et m'inspirant de nouveau de l'auteur que je viens de citer, j'ajouterai : « enseignez sans crainte l'histoire et les sciences à la jeune fille comme au jeune homme, elle n'y apprendra pas la même chose ; ce qui, chez l'un, se convertira en raison et en force, nourrira, chez l'autre, le sentiment et la finesse : et ainsi, la diversité de leur

nature se développant par l'identité même de leurs
objets d'études, on peut dire que les femmes seront
d'autant plus femmes, qu'elles seront plus virilement
élevées.

« C'est dans l'intérêt de l'histoire naturelle,
continue M. Ern. Legouvé, que je veux appliquer
les femmes à cette étude. Mme Necker de Saussure,
dans son beau livre sur l'éducation, a déjà indiqué
une partie des progrès que pourrait réaliser dans
cette science le génie des femmes. »

Et en effet qui, mieux que la femme, est doué
de cet esprit d'observation qui seul découvrira le
but, le côté utile de toutes choses et du plaisir d'une
seule fera jaillir l'intérêt de tous.

Les fleurs, Mesdames, vous les retrouvez partout
dans la vie. Elles ornent vos salons et vos retraites
cachées, le gynécée de nos mœurs modernes; les
fleurs, nous les voyons au berceau du nouveau-né
chez les peuplades indiennes ; plus tard, au jour de
votre fête, lorsque votre fille a grandi, elle les apporte
à votre chevet, comme symbole de son amour ; la
jeune fille dépose sa moisson parfumée de blanches
fleurs au sanctuaire de la Vierge, dans le mois des lilas

et des muguets ; vous en ornez vos demeures quand revient la pompe solennelle de vos fêtes religieuses.

L'épousée en pare son front et sa poitrine. A Rome, la jeune fille noble paraissait avec son fiancé devant le grand pontife de Jupiter... elle portait sur la tête de la marjolaine et une guirlande de verveine. On couronne le guerrier du feuillage verdoyant et la baie du laurier désigne en vos fils la première étape de ce chemin ardu de la vie scientifique. Jenny l'ouvrière coud et brode à l'ombre des cobeas de sa fenêtre, elle quitte son ouvrage pour arroser le rosier favori. Le basilic répand son arôme pénétrant aux croisées de l'humble artisan.

La giroflée orne de ses panaches d'or les murs en ruines où elle couvre le passage de la mort sous sa verdure vigoureuse.

Dans le cantique de Salomon, l'épouse est comparée à la fleur. Ainsi qu'un lis au milieu des épines, ainsi mon amie parmi les filles d'Adam. « Mon bien-aimé est pour moi comme un bouquet de myrrhe que je mettrai à mon sein, ses joues sont comme de petits parterres de plantes aromatiques. » Le maître suprême sur la terre a fait des fleurs, l'un des termes de ses comparaisons : « Les lis ne filent point, et ils sont plus richement vêtus que Salomon en sa gloire. »

Ce sont des fleurs encore que Clémence Isaure

propose aux vainqueurs des luttes d'esprit qu'elle fonde dans sa cité de Toulouse : une églantine, une violette, un souci.

En jetant son bouquet au beau Lautrec, elle lui dit :

> L'églantine est la fleur que j'aime,
> La violette est ma couleur,
> Dans les soucis tu vois l'emblème
> Des chagrins de mon triste cœur.

Le vieux chantre de l'Illiade compare le jeune guerrier frappé d'un coup mortel au lys dont la racine a été tranchée par le fer aigu du laboureur. Anchise, devant Enée, descendu aux Enfers, évoque d'une voix prophétique cette longue suite de héros qui firent la gloire de Rome, et en présence de la tombe de Marcellus : Donnez, dit-il, des lis à pleines mains.

Ainsi des fleurs, partout des fleurs ! du berceau à la demeure dernière, nous tressons une chaîne non interrompue de fleurs. Il en est pour la joie, il en est pour les larmes ; pour dire ce qui est beau, et ce qui est mauvais, pour la religion et pour le monde, pour l'histoire et pour la fable. A peine vous ai-je cité quelques traits, je craindrais d'abuser de votre bienveillante attention en abordant un plus long détail.

Des fleurs ! Mais elles vont à vous, comme ce qui est sentiment, ce qui est délicatesse revient à sa source immatérielle. Lorsque l'hiver a glacé dans leurs canaux les sucs vivifiants des plantes, vous vous fleurissez des trésors de vos serres. Dans vos salons, vos mains habiles, émules d'Arachné, retracent les vrilles du liseron, les clochettes du fuchsia, le carmin des roses. Pour vous, la laine, la chenille, la soie forment de merveilleux bouquets

Je vous ai fait entrevoir les charmes de la botanique, faut-il vous en dire l'utilité?

Je ne parlerai point de ces mille secrets du laboratoire féminin qui transforme les jasmins, les œillets ou la rose en conserves délicates, en essences embaumées, je laisserai de côté le meilleur, peut-être, de mes arguments ; je ne me réserve qu'un point.

Dieu a envoyé dans vos foyers, Mesdames, de petits anges roses, « de chers enfantelets, votre souley, votre idole », comme dit Clotilde de Surville. Vos enfants, lorsque luit un soleil plus chaud, courent dans vos vergers, pendant qu'assises sur le banc de verdure vous travaillez au vêtement du pauvre du village. L'enfant, séduit par une fleur, fourrage

votre parterre; il veut connaître, il déchire, pour
détruire en apparence, au fond pour savoir. Puis le
sens du goût doit apporter son mot dans cette étude
de l'inconnu. L'enfant n'a pas l'instinct de la bête
et chez lui la raison est encore enveloppée de tant
de nuages!

« Des filz de sa pensée,
L'eschevelet n'est encore débroillé. »

Il mange une fleur, deux fleurs, et le soir, des
angoisses assiègent le cœur de la mère, l'enfant se
meurt. La fleur aux belles couleurs recélait en son
sein un poison mortel. Que n'eussiez-vous donné
pour savoir quelle plante écarter de ses lèvres!

Toutes les fleurs ne sont pas dangereuses; plusieurs renferment de précieux principes pour
l'hygiène, pour rafraîchir le sang brûlé par la fièvre,
pour fermer une blessure. Vous vous rappellerez
qu'au moyen âge aux dames châtelaines appartenait
la mission angélique d'appliquer le dictame sur la
plaie, de composer le cordial bienfaisant. La damoi-
selle apparaissait au lit du malade, du chevalier
blessé, comme l'envoyé céleste apportant la guérison.
A vous de recueillir cet héritage évangélique !

Je voulais pour dernière considération vous parler des délices de l'herborisation, de l'herbier. Mais déjà j'ai été bien long et j'ai tant à vous dire encore.

L'herbier, ce n'est point, Mesdames, un amas de plantes desséchées et qui n'offrent plus à l'œil que les squelettes d'elles-mêmes. Autant vaudrait alors les renvoyer au grenier à foin. L'herbier, c'est un memento, un livre de souvenir. Permettez-moi de citer un nom qu'il n'est pas permis de taire quand on parle des fleurs ; écoutez J.-J. Rousseau :

« Toutes mes courses de botanique, dit-il, les diverses impressions du local, les objets qui m'ont frappé, les idées qu'il m'a fait naître, les incidents qui s'y sont mêlés, tout cela m'a laissé des impressions qui se renouvellent par l'aspect des plantes herborisées dans ces mêmes lieux. Je ne reverrai plus ces beaux paysages, ces forêts, ces lacs, ces bosquets, ces rochers, ces montagnes, dont l'aspect a toujours touché mon cœur, mais maintenant que je ne peux plus courir ces heureuses contrées, je n'ai qu'à ouvrir mon herbier et bientôt il m'y transporte. Les fragments des plantes que j'ai recueillies suffisent pour rappeler ce magnifique spectacle. Cet herbier est pour moi un journal d'herborisation qui me les fait recommencer avec un nouveau charme et produit l'effet d'un optique qui les peindrait de rechef à mes yeux. »

Il y a deux ans, partait de Lille plein de santé un jeune militaire, appartenant à l'une des plus honorables familles qui m'aient favorisé de leur intimité. Il s'en allait prendre sa part — il l'avait ardemment réclamée — de cette noble et périlleuse entreprise qui fit se ruer de nouveau les forces vives de l'Occident sur l'Orient, ainsi que l'écrivit l'historien des croisades. Il volait à la défense de la civilisation Six semaines plus tard, il envoyait, dans sa lettre à ses sœurs, une petite fleur, cueillie sur les champs où fut Troie, c'était la fleur du souvenir. Depuis, le jeune guerrier est mort et la famille du général Fririon conserve avec une religieuse piété cette relique de celui qui n'est plus.

Oh ! la mémoire des fleurs !

Et les heureux moments de délire du botaniste qui est tombé sur une espèce rare ! Voici comment s'exprime M. Le Maout :

La voici donc, enfin ! je la tiens cette plante,
Que le divin Linné n'observa pas vivante !
O pétales caducs, stigmate fugitif
Vous n'échapperez pas à mon œil attentif;

Vos merveilles pour moi n'auront plus de mystères !
Je t'adore, ô pistil ! je vous salue, anthères...
      Que vois-je ? un poil articulé,
      A la base de ces nectaires !!
      Linné ne l'a point signalé !
Nouveau genre !!' il le faut séparer de ses frères,
Et c'est de mon nom seul qu'il doit être appelé...

Son cœur est enivré d'une extase divine,
Un oxigène pur dilate sa poitrine ;
Sur un fragile poil il se plaît à bâtir
L'éternel monument de sa gloire à venir.

Ces plantes qui charment vos yeux par leurs grâces
sans nombre, qui enivrent vos sens de leur parfum
pénétrant, ces fleurs sont une leçon constante de
vénération de Dieu, d'amour du Créateur ; c'est pour
l'homme qu'ont été formées tant de merveilles. Et
quand les sens se sont rassasiés de toutes ces beautés,
à l'âme alors d'y trouver ses jouissances. Dans ce
monde nouveau se retracent les grandeurs de celui
qui brille dans ses moindres œuvres ; dans ces végé-
tations plus passagères que la vie de l'éphémère qui,
née sur la rive au matin, a trouvé le soir sa couche
funèbre dans les pétales blancs du nénuphar, apparaît l'infinie puissance du Créateur. Quelque jour,

peut-être, je vous parlerai de ces immensités microscopiques, de ces calculs prodigieux qui nous montrent, issus d'un seul ormeau, 158 milliards
400 millions de grains. A un autre jour, le calen-
drier et l'horloge de Flore, les harmonies des couleurs et des saisons, vous avez hâte de me voir
conclure. Un moment de patience encore et je
termine.

Déjà, j'ai touché cette objection tirée des mots,
véritables épouvantails pour vos esprits délicats.

Les noms des plantes, je ne parle pas des classes,
des familles, les noms des plantes ont été fréquemment l'objet des critiques. C'est d'abord M. de
Montalembert dans son introduction de l'histoire de
sainte Elisabeth.

« Les fleurs surtout offraient un monde peuplé des
plus charmantes images; un langage muet qui exprimait les sentiments les plus tendres et les plus vifs.
Le peuple se rencontrait avec les docteurs pour
donner à ces doux objets de son attention journa-
lière les noms de ceux qu'il aimait le plus, les noms
des apôtres, de ses saints favoris, ou des saints dont
l'innocence et la pureté semblaient se réfléchir dans
la pure beauté des fleurs. Notre Elisabeth eut sa

fleur humble et cachée, comme elle voulut toujours être. — On appelle en Allemagne *Elisabethsblümchen*, ou fleurette d'Elisabeth, le *Cystus helianthemum*.— Mais Marie surtout, cette fleur des fleurs, cette rose sans épines, ce lys sans tache, avait une innombrable quantité de fleurs que son doux nom rendait d'autant plus belles et d'autant plus chères à son peuple. Chaque détail des vêtements qu'elle avait portés sur la terre était représenté par quelques fleurs plus gracieuses que les autres : c'étaient comme des reliques partout éparses et sans cesse renouvelées. Les grands savants de nos jours ont cru mieux faire de substituer à son souvenir celui de Vénus. — Par exemple, la fleur qui, dans toutes les langues de la terre s'appelait le soulier de la Vierge, a été nommée *Cypripedium calceolus*. Citons encore un exemple du grossier matérialisme qui distingue ces nomenclatures brutales. Tout le monde connaît cette charmante fleur bleu de ciel « dont les lobes arrondis semblent un feston d'azur autour d'une auréole d'or », que les Allemands nomment : *Ne m'oubliez pas*, et qui, en France, avait reçu le nom de : *Plus je vous vois, plus je vous aime*, et plus généralement encore celui de : *yeux de la sainte Vierge*. Le pédantisme moderne a remplacé ces doux noms par celui de *myosotis scorpioïdes*, c'est-à-dire en propres termes, *oreille de souris à physionomie de scorpion*. Et voilà ce qu'on appelle le progrès des sciences. »

A propos de l'*Elisabethsblümchen*, M. de Montalembert dit au dernier chapitre :

« La fleurette d'Elisabeth ferme son calice le soir, lorsque la lumière du soleil disparaît, comme Elisabeth savait fermer son âme à tout ce qui n'était pas un rayon de la grâce et de la lumière d'en haut. »

Ecoutez M. Louis Veuillot dans ses pèlerinages en Suisse :

« Non, rien n'est charmant et pur comme les fleurs des Alpes. On est confondu de tant de fraîcheur et de variété, de tant de formes élégantes et d'insaisissables parfums. Cela donne appétit. Certes, ils n'étaient pas dignes de vous brouter, douces fleurs, les horribles professeurs, herboristes, latinistes et autres qui vous ont attristées de tant de noms hideux. Vos véritables noms, je vais vous les dire : Toi qui t'épanouis là, si blanche, tu t'appelles *Fille des Neiges* ; toi touffe d'étoiles pâles et bleues, tu t'appelles *Couronne des Anges* et quelque chérubin, en se jouant là-haut, t'a laissé tomber de son front ; toi, sombre et pensive, parfumée, ton nom est *Fleur de la Croix;* et toi, si candide et si rose, tu naquis après le premier sourire de Marie enfant, et pour cela tu te nommeras *Sourire de Marie ;* et toi, petite grappe écarlate, dont le suc est un dictame, *Sang de Jésus;* et toi, toujours inclinée pure et rêveuse, du premier mot de la plus douce des prières, *Ave;* et toi, *Rêve du Ciel,* parce que sur ta hampe élancée, la fleur éclot après la fleur et s'élève toujours comme l'espérance en Dieu. »

Il n'est pas possible de plus poétiquement défendre une plus poétique cause ; mais on se demande où aboutirait un pareil système de dénomination. Chaque botaniste ferait sa flore et nous en comptons un certain nombre déjà. Ouvrez par exemple le docte volume du docteur Duchesne, vous trouvez dans la synonymie près de 30,000 noms pour désigner 5 à 6,000 plantes.

Et pour notre compte, nous voudrions savoir si la fille des neiges sera la sylvie, ou la dryade, le muguet ou l'ornithogalle, le scylle ou tout autre.

Les noms scientifiques sont nécessaires, et si le myosotis s'appelle partout de la même phrase charmante, en français *ne m'oubliez pas;* en anglais, *forget me not;* en allemand, *wergiss mein nicht;*

combien d'autres ne jouissent pas de ce don de nom unique, dans son cosmopolitisme.

Cette question de l'appellation des plantes a été, je le répète, l'objet de fréquentes controverses ; l'élégant docteur Le Maout en a longuement parlé dans une lettre à M Adrien de Jussieu.

Cette lettre est charmante ; je voudrais la citer tout entière ; en voici quelques passages :

« Si le grand législateur de la botanique reparaissait et s'il lisait l'*Index* du *Genera* d'Endlicher, il s'écrierait douloureusement, comme le berger de Virgile : Insensé! qu'ai-je fait? J'ai appelé sur mes fleurs le vent du Midi, j'ai lancé les pourceaux dans mes limpides ruisseaux... Il suffit, en effet, de mettre en regard quelques-uns des noms antiques et des noms modernes, pour voir à quel point la vase, remuée par les sangliers, a troublé le cristal des eaux.

Daphne, Narcissus, Adonis, Arethusa, Atropa, Hyacinthus, Audromeda, Protea, Dryas, Achillea, Chironia, Centaurea, Circea, etc.

Kosteletsk*ia*, Schweigge*ria*, Bischof*ia*, Trautvette*ria*, Wachendorf*ia*, Wright*ia*, Putterlick*ia*, Ternstroem*ia*, Zauschner*ia*, Escholtz*ia*, Kolbfuss*ia*, Benninghausen*ia*, Schranck*ia*, etc.

« Voilà ces noms dont le mélange constitue le
Genera de la botanique... Ne semble-t-il pas voir
une horde de Tartares-Kalmoucks qui ont fait
irruption dans une ville de l'Italie.....

« Les anciens avaient composé des noms signi-
ficatifs qui facilitaient la mnémonique des végétaux
connus de leur temps. Pline nous a transmis le
geranium, dont le pistil s'allonge en *bec de grue*, le
myosotis, dont les feuilles ressemblent à des *oreilles
de souris*, l'*hippuris*, qui figure une *queue de cheval;*
le *tussilago*, qui *chasse la toux*, le *chelidonium*, dont
la floraison dure autant que le séjour des *hiron-
delles*, le *dipsacus*, qui *guérit* de *la soif* au moyen
de ses feuilles opposées et réunies de manière à former une écuelle où se conservent les eaux pluviales,
etc....... Qu'elle est irritante la comparaison de ces
appellations gracieuses avec les noms patronymiques
des modernes.

« ... Encore, si ces brevets d'immortalité... on
les avait exclusivement réservés aux chefs de la
science.. .....

« Les trois plus grands noms de la science,
Tournefort, Linné, Jussieu, ne pouvaient échapper
à cette canonisation..... Celui de Jussieu se refuse
si obstinément à la désinence latine qu'il a été traduit
de cinq façons différentes : Linné, après avoir donné

6

au même genre les noms de *Jussiena, Jussieria, Jussiœa,* s'était décidé pour le dernier ; Adanson l'avait remplacé d'abord par le *Jussea,* puis par le *Jussia......*

« Mais que dire de cette tourbe de noms obscurs qui viennent audacieusement se placer au niveau de ceux que je viens d'écrire..... Enfin résignons-nous..... Si, du moins, on pouvait rapporter ces noms à leur légitime propriétaire !..... Que direz-vous, races futures, quand vous aurez à décider si *Michelia* répond à *Micheli* ou à un *Michel* quelconque ; *Rochea* à *la Roche, Roche* ou *Roch,...* *Lavatera* au docteur *Lavater,* ami de Tournefort, ou au pasteur *Lavater,* le fameux physiognomoniste ??? Je me figure l'embarras de la postérité.....

« Jamais le profane vulgaire ne tentera de pénétrer dans une enceinte gardée par des dragons tels que MM. Wachendorf, Messerschmidt, Krascheni-mikof, etc. »

Revenons aux noms latins ou du moins à ceux qui peuvent se prêter aux exigences de cette langue.

Bien des méthodes ont été successivement introduites pour le classement des plantes ; les unes ridicules, les autres raisonnables et raisonnées.

« On ne pourrait se conduire, dit Valmont de
Bomare, sur le système des anciens ; ...... des qualités occultes et des notions aussi vagues que celles
du chaud et du froid, du sec et de l'humide, étaient
la base de leur théorie... On les a abandonnés pour
adopter des préjugés plus dangereux : on a cru
trouver une analogie dans la figure ou le port d'une
plante, la couleur et les autres qualités accidentelles
avec les différentes parties et humeurs du corps
humain. »

Une autre méthode de division générale range les
plantes en alimentaires, médicales et vénéneuses.
Cela sent la pharmacie. Dispensons-nous de cette
classification.

Les systèmes réels reposent sur un ou deux caractères fondamentaux, ce sont les méthodes artificielles,
celles de Linné et de Tournefort ; ou sur l'aspect
général et un ensemble de formes et de propriétés,
ce sont les méthodes naturelles, celles de de Jussieu
et de de Candolle.

Pour vous en dire quelque chose, je dois auparavant vous expliquer de quoi se compose une fleur.
Prenez, par exemple, une rose simple, une fleur
d'églantier, et voyons-en les parties constitutives.

Quand la rose est en bouton, elle est extérieure-
ment garnie d'une enveloppe verte divisée en cinq
parties, c'est le calice. Elle s'épanouit, nous y trouvons cinq feuilles colorées en rose, ce sont les pétales
dont l'ensemble forme la corolle. Au milieu s'étalent
en couronne une multitude de petites colonnes blanches surmontées d'un petit sac jaune de poussière,
ce sont les étamines qui entourent une réunion d'autres corps moins élevés, mais plus gros et comme
frangés, ce sont les pistils, ou, pour être plus exact,
les styles et les stigmates ; au-dessous des styles, le
fruit qui, plus tard, rougira comme un grain de
corail, c'est l'ovaire.

La véritable fleur pour le botaniste ce sont ces
derniers éléments : les étamines, les styles et
l'ovaire. La corolle brillante, le calice, ce sont les
atours du mariage, la robe de l'épousée, le berceau
du fruit. Ils existent simultanément le plus souvent,
d'autres fois l'un manque, en certaines circonstances
ils sont tous deux absents.

Je vous ai à peu près dit ce qui constitue la fleur.
En outre, la plante en germant pousse une feuille
ou deux, ces feuilles se nomment cotylédons, d'un
mot grec qui signifie coquille. Ainsi, dans un haricot,
vous trouvez deux parties charnues, ce sont deux
cotylédons. Le blé lève avec une seule feuille, le

haricot lève avec deux. Or, quand vous voyez une feuille, examinez-en les nervures. Si elles sont parallèles dans le sens de la longueur, comme dans la feuille du blé, dans celle du lys, la plante a germé avec une seule feuille, c'est une plante monocotylédone; si les nervures divergent, comme dans la feuille du haricot, dans celle du lilas, la plante a germé avec deux feuilles, elle est dycotylédone.

Les plantes dont les fleurs sont visibles se nomment phanérogames ou fleurs à noces évidentes. D'autres plantes se présentent à nous sans traces de cotylédons, acotylédones ; sans fleurs visibles, n'ayant qu'une fructification, cryptogames, à noces cachées, les mousses, les champignons.

Linné, s'inspirant de l'ordre des étamines et des pistils, créa en 24 classes un système qui a cela d'admirable, qu'aucun végétal ne peut y échapper, et que tous trouvent en un instant leur classe. D'abord il examine les étamines, les ordres ou subdivisions sont indiqués soit par les pistils, soit par la position des étamines.

Tournefort fit 22 classes en deux grandes divisions : les herbes, les arbres. Les caractères sont fondés sur la présence ou l'absence de la corolle, sur les divisions de la corolle, sur la forme de la corolle. Les fruits fournissent aussi des caractères pour la division en sections.

Laurent de Jussieu fit reposer sa division principale
sur l'absence ou la présence des cotylédons, c'est-à-
dire sur la forme de l'embryon, puis sur la position
des étamines relativement au pistil, et sur l'absence,
la présence et la forme de la corolle.

De Candolle divisa les végétaux en cellulaires ou
sans embryon et en vasculaires ou à embryon. De
ces derniers, les uns sont monocotylédones, les
autres dycotylédones. Il prend l'échelle botanique
par son point culminant, et il descend de la fleur la
plus perfectionnée à la plus simple, tandis que les
autres maîtres procédaient de la plus humble à la
plus radieuse selon l'organisme végétal. Les premières sont les dycotylédones, pourvues d'un calice
et d'une corolle, puis celles qui n'ont qu'une enveloppe florale ; les monocotylédones sont ou phanérogames, ou cryptogames ; les acotylédones sont
foliacées ou sans feuilles, aphylles.

Voilà d'une manière bien sommaire les grands
traits des principaux systèmes.

Je me permettrai, Mesdames, de n'adopter aucune
de ces divisions Il ne m'appartient pas de vous tracer
le plan d'une étude de la botanique ; ma seule ambition est de vous faire aimer les fleurs d'un amour plus
pratique et de vous montrer que la science n'est pas
une triste compagne à la mine sévère, à l'humeur

quinteuse. Qu'après m'avoir entendu, une seule de vous prenne un goût plus vif pour ces charmantes richesses que nous a départies la main sagement prodigue de Dieu et j'aurai cru à un succès.

Pour vous, mon plan sera la fantaisie, ainsi qu'en un parterre les fleurs venues des contrées les plus diverses se trouvent rassemblées en un désordre apparent; nous examinerons les plantes sous le triple rapport de la plaine, de la montagne et des eaux, je m'attacherai aux plantes les plus connues, les plus utiles ; je vous parlerai du langage des fleurs, j'irai récoltant partout l'anecdote, moissonnant les souvenirs. Nous ferons une excursion à travers la grande famille des fleurs qui, semblables à la circée antique, enclosent dans leur manteau brillant des sucs dangereux, afin qu'averties par l'expérience des autres, vous préserviez vos enfants et vous-mêmes du mal là où vous n'auriez voulu cueillir que le plaisir.

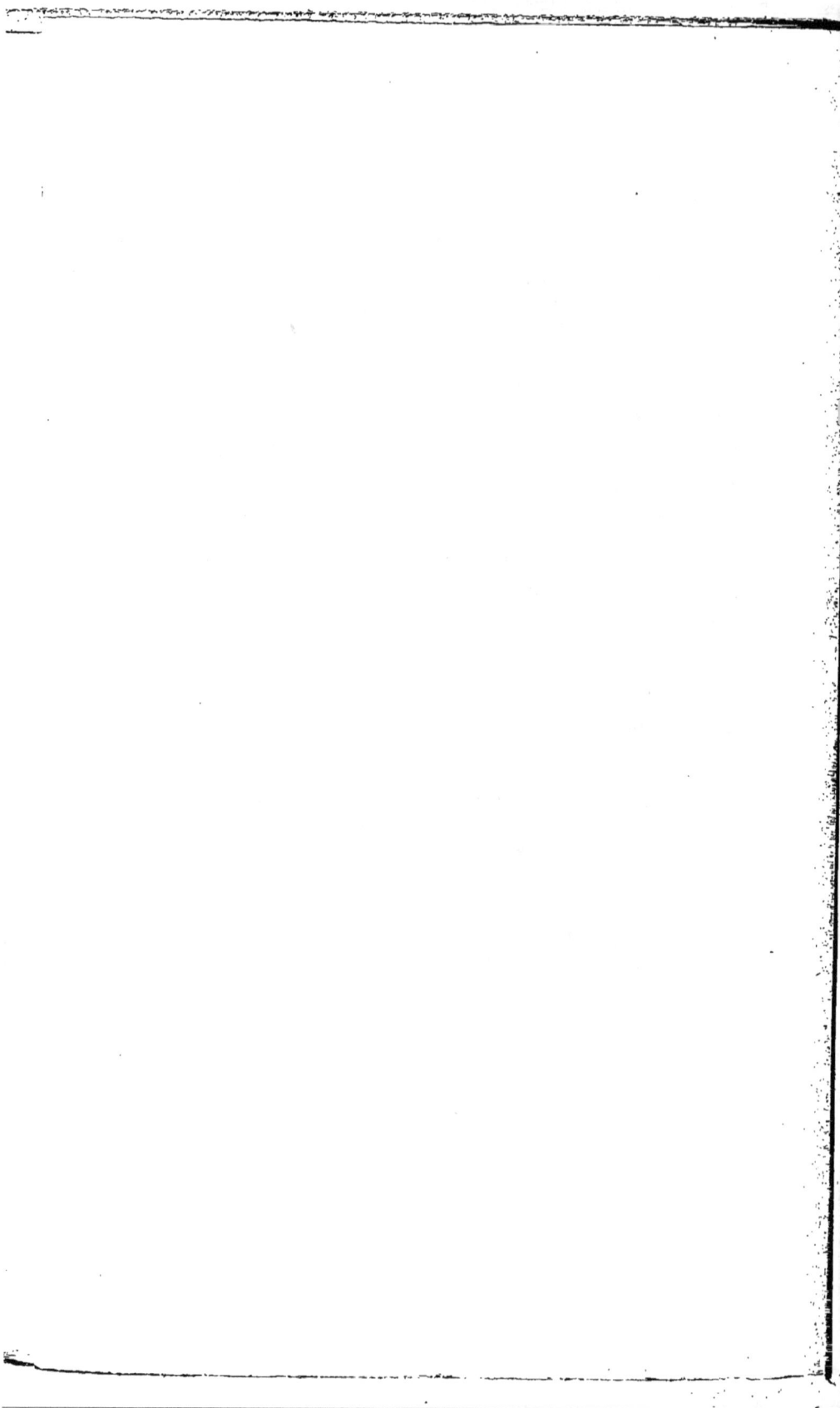

LES

FLEURS DE LA PLAINE

LES GRAMINÉES, LES COMPOSÉES

LES LÉGUMINEUSES

LES ROSACÉES ET LES ROSES

—◁◦◦▷—

Lille, 15 juillet 185...

a Madame Æ.....

Voici la première partie de ma seconde lecture à
l'*Association lilloise ;* je l'ai beaucoup augmentée,
et de crainte d'abuser de votre attention, j'ai pensé
devoir aujourd'hui scinder ce travail, m'arrêtant à
l'histoire de la rose. La reine des fleurs peut d'ailleurs réclamer sa place à part.

MESDAMES, MESSIEURS,

Ce serait une présomption bien ridicule, assurément, que de vouloir, en quelques soirées, vous
offrir une complète méthode d'études botaniques.
Vous connaissez tous ces pages charmantes où
Bernardin de Saint-Pierre trace l'histoire du fraisier
poussé sur sa fenêtre et en décrit les harmonies nombreuses. Bernardin de Saint-Pierre s'effrayait au
détail de cette étude d'une seule plante.

L'érudit docteur Duchesne a écrit tout un volume
in-8° sur le *zea maïs* ou blé de Turquie; l'horticulteur
flamand de Jonghe a fait la monographie du *géranium*
et celle de l'œillet; l'abbé Berlèse a consacré ses
doctes loisirs à l'étude du *camélia*. Que de travaux
pour quelques plantes !

J'ai dessein de vous entretenir, non pas de toutes
les fleurs de la plaine, mais de celles qui y occupent
la plus large place, et je me bornerai à quatre

grandes familles : les *graminées*, comme les plus utiles ; les *composées*, comme les plus nombreuses, car sur les 90,000 plantes connues elles forment

Voici quelle est la marche chronologique de l'accroissement numérique des plantes étudiées :

Hippocrate	459 ans av. J.-C.,	décrit	254	plantes.	
Théophraste	310	»	»	500	»
Dioscoride	20 ans ap. J.-C.,	décrit	600		»
Pline	»	»	»	800	»
Matthiole	1500-1577	»	a figuré	1,898	»
Dalechamp	1513-1588	»	»	2.731	»
J. Bauhin	1541-1613	»	a parlé de	5,266	»
C. Bauhin	1560-1624	»	»	6,000	»
Tournefort	1656-1708	»	»	10,146	»
Linné				7,000	»
Persoon				27,000	»
Stendel				50,649	»
De Candolle				56,000	»

On voit la proportion : Théophraste, le premier ouvrage universel, 500, et De Candolle, 56,000, et approximativement évaluant au double le nombre total des plantes. — L'étude des plantes est immense, conclut M. Fée dans ses commentaires sur Pline ; elle est au-dessus des forces d'un seul homme et il faut se résoudre à étudier seulement quelques familles et même quelques genres.

Notons en passant que M. Fée a été professeur à l'École militaire de médecine de Lille.

un dixième ; les *légumineuses*, et enfin les *rosacées*, pour contrebalancer, par l'histoire de la rose, l'aridité des premières pages.

Les graminées, c'est-à-dire ces herbes qui verdoient aux bois, aux champs, aux marais, ne sont exclues d'aucune contrée du globe ; elles végètent sous les feux de l'équateur comme sous les glaces du pôle. « Les *gramens*, dit Linné, plébéiens, campagnards, pauvres, gens de chaume, communs, simples, vivaces, constituent la force et la puissance du royaume végétal et se multiplient d'autant qu'on les maltraite davantage et qu'on les foule aux pieds. »

L'utilité des graminées est incontestable ; elles constituent la base de la nourriture pour l'homme et pour les animaux. Leurs tiges renferment des quantités variables de silice et de sucre, tandis que les graines contiennent toutes de l'amidon, du gluten.

Dans cette famille, nous considèrerons brièvement six individus, vous les avez nommés avant moi : le blé, le seigle, l'avoine, l'orge, le riz, le maïs.

Le blé a été connu de toute antiquité, sa patrie était la Perse, mais ce ne fut qu'avec le temps que se perfectionna l'art d'en faire du pain. Les premiers Romains ignoraient les procédés de sa fabrication ; pendant plus de cinq cents ans ils ne vécurent que d'une sorte de bouillie ou de galette sans levain. Les boulangers ne parurent à Rome, selon Pline, que 580 ans après la fondation de cette ville. Jusque-là les édiles du temps n'avaient pas eu de procès-verbaux à dresser pour tromperie sur le poids ou la qualité du pain vendu.

L'Orient, et il ne faut pas s'en étonner, puisque de lui, a-t-on dit, nous vient la lumière, l'Orient était plus instruit. Les Egyptiens savaient mélanger le levain à la pâte, et nous voyons que les Hébreux, quittant l'Egypte, partirent si promptement qu'ils n'eurent pas le temps de faire le mélange. Ce fut le pain azyme ou sans levain.

Des Egyptiens, l'art du boulanger passa chez les Grecs, en même temps que l'écriture cadmique, et les Romains, ayant vaincu Persée, roi de Macédoine, apprirent des vaincus les procédés de panification. C'était le cas de se réjouir d'une victoire qui mettait ainsi du pain sur la planche.

Le froment a quelquefois des exemples d'une rare fécondité. Pline rapporte que le receveur des revenus de l'empereur Auguste lui envoya d'Afrique, de Byzacène, territoire renommé pour sa fécondité, un pied de froment portant 400 tiges, et que Néron reçut de la même contrée un pied composé de 560 tiges.

Je ne vous rappellerai pas les usages variés du blé, qui, sous mille formes, apparaît sur toutes les tables. Pain, gâteau, pâtisserie, pâtes pour les potages, bière, alcool, voilà pour le grain. Nourriture des bestiaux, couchette du pauvre, couverture de sa chaumière, tissu tressé pour son siége, voilà pour la paille.

Moins nombreux dans ses variétés, le seigle est la meilleure succédanée du froment. Où ne pousse pas le roi des gramens, le seigle dresse ses épis aux arêtes longues et dures; chez l'indigent il remplace le pain de froment. Entre les mains du pain d'épicier, il devient, mélangé au miel et à l'orge, une friandise dont certaines époques, dans les pays du Nord, ramènent la présence sur toutes les tables. Dur de végétation, il ne craint guère les froids rigoureux et il mûrit très-vite.

Une maladie attaque le seigle, c'est l'ergot. Qu'est-ce que l'ergot? Quelle en est la nature? Voilà un de ces mystères que la science peut longtemps chercher à élucider. Aussi a-t-on beaucoup ergoté à ce sujet. Quoi qu'il en soit, l'ergot du seigle consiste en un grain, mélangé aux autres grains de l'épi, et qui se présente sous forme de corne brune dont la médecine a constaté les effets énergiques. Lorsque l'ergot est abondant, on voit se développer, dans les populations qui s'en nourrissent, des cas de gangrène.

L'avoine n'a jamais été retrouvée, telle que nous la connaissons, à l'état sauvage. C'est une plante d'une culture très-étendue en Bretagne, au nord de l'Angleterre, en Ecosse, où elle entre pour une large part dans le pain des paysans. L'avoine est une plante gracieuse, à laquelle on donnerait une certaine attention, comme aspect, si elle n'avait le malheur d'être si commune. Ses épillets, dont la balle d'or renferme des grains noirs comme le jais, s'inclinent élégamment sous le vent qui en fait ondoyer la mouvante surface.

L'avoine mondée et dépouillée de son écorce, puis concassée, forme le gruau. L'eau du gruau, épaissie et amenée à la consistance d'un sirop au moyen de sucre, fournit un médicament très-estimé pour la colique. Les Allemands le nomment le sirop de Luther; il paraît que le grand réformateur n'avait pas à combattre que ses ennemis intérieurs, il faisait grand usage du sirop de gruau.

Comme sept villes de la Grèce se disputaient la gloire d'avoir donné le jour à Homère, la Perse, l'Inde, l'Attique, la Sicile, la Tartarie, la Russie, revendiquent la propriété primitive de l'orge. Plus encore que le seigle, l'orge s'accommode de tous les terrains, les marécages et les terres trop arides seuls exceptés. Le pain qu'on en retire, moins mauvais que celui de l'avoine, ne saurait néanmoins convenir qu'aux estomacs vigoureux. Chez les Romains, ce pain était la nourriture des gladiateurs qu'on nommait, pour cette raison, orgeaires, *hordearii*. L'orge servait à l'alimentation des chevaux; lorsqu'un soldat avait commis quelque faute, on lui remplaçait le froment par de l'orge. C'était une manière de lui faire entendre qu'il ne devait pas être mieux **traité** qu'une brute, ayant agi avec aussi peu de discernement qu'elle. Par une singulière inconséquence, après l'avoir employée comme punition, on en faisait la récompense des athlètes; une mesure d'orge était donnée au vainqueur de la course, au cirque.

Comme l'avoine, l'orge sert à fabriquer une sorte de gruau. L'orge mondée, réduite en bouillie au moyen d'un mélange de vin, d'huile, de miel, formait chez les Grecs un gâteau nommé *maza*, que recommandait Hippocrate, ainsi qu'une infusion que l'on appelait *ptisanè*, d'où nous avons fait tisane.

Outre cette boisson bienfaisante, nous fabriquons avec l'orge une autre espèce de tisane, c'est la bière, connue des Égyptiens sous le nom de *zythos*, et des Romains sous celui de *cerevisia*, l'ancienne *cervoise* des Germains, peut-être *la cerveza* des Espagnols.

Le riz ne nous est guère connu que par sa graine, les essais de culture faits en France n'ont pu être continués. Il faut au riz un sol inondé et une grande chaleur, on conçoit dès lors quelles causes d'insalubrité renferme une rizière. Aussi le cardinal de Fleury fut-il obligé de proscrire cette culture tentée en Auvergne. En Espagne, les rizières ne peuvent être établies qu'à une lieue des villes.

Les inconvénients de la culture du riz n'existent pas en Chine, dans l'Inde, dans l'Égypte, en Sénégambie, etc., en raison de la disposition des eaux qui inondent le sol des rizières, cette eau est courante et ne dégage pas, par conséquent, de miasmes putrides.

Le riz est une ressource très-grande pour l'alimentation humaine, il est de digestion facile, il est bon pour les convalescents; sa farine mélangée à celle du froment donne un pain très-agréable au goût et qui se conserve frais plus longtemps. En Chine, on obtient, par la fermentation et la distillation, une eau-de-vie nommée *arrak* ou *rack* et qui enivre très-promptement. Les Arabes arrosent de jus de viandes le riz cuit avec de la volaille, l'assaisonnent de sel et de safran et forment ainsi le *couscoussou* ou *pilau*. Avec la paille, on fabrique un papier usité par les fabricants de fleurs. Nos petits-maîtres, et cette classe qu'un vaudevilliste a récemment mise à la scène sous ce titre : *Les femmes peintes par elles-mêmes*, font un grand usage de la poudre de riz pour mastiquer les inégalités de la peau. Cela a donné naissance à un mot de certaine langue : *le maquillage*.

Malgré son nom, le blé de Turquie paraît avoir le Nouveau-Monde pour patrie. Au rapport des historiens, c'était au Chili qu'on trouvait les plus beaux maïs dans les jardins des Incas ; c'était avec le fruit de cette plante que la main des vierges préparait le pain des sacrifices et que l'on composait une boisson vineuse pour les jours consacrés à l'allégresse publique. Ce grain précieux servait encore de monnaie dans le commerce, et la récolte en était célébrée par des fêtes solennelles.

Les habitants de l'île de Candie, au rapport d'Olivier de Serres, mangent les épis de maïs encore verts et crus. Les Indiens mangent les grains non mûrs comme des petits pois. Ici on confit l'épi jeune dans le vinaigre, comme un achard ; là on le divise par tranches et on le frit à la façon des artichauts. Les tiges du maïs, avant la floraison, sont extrêmement sucrées.

La plante de maïs porte en moyenne deux épis, dont chacun se compose de plusieurs centaines de grains ; on en a compté jusqu'à sept cents.

Le blé maïs nous présente un exemple de la séparation des fleurs mâles et femelles. Vers le sommet de la tige forte qu'embrassent de larges feuilles glauques et coriaces apparaît une ample panicule, composée d'épis nombreux, longs de 25 à 30 centimètres, formée de fleurs colorées de blanc, de jaune ou de pourpre, le plus souvent d'un vert pâle. Ce sont les étamines chargées de leur pollen ou poussière fécondante. De l'aisselle des feuilles supérieures sortent un ou deux gros paquets, couronnés d'une longue chevelure qui retombe négligemment vers la terre. Ce sont les styles surmontant les grains de l'épi qui bientôt se colorera en jaune, en rouge, en violet, en pourpre, en noir.

Vous avez vu parfois ces républiques gouvernées par une reine et que l'on a nommées ruches. Là on vit en commun, tout se partage bonne et mauvaise fortune.

Dans les fleurs une large famille, celle des composées, réalise un état semblable. Les fleurs se sont ouvertes en même temps aux baisers de la brise, ont bu la même larme de rosée, se sont fanées le même soir. Dans un seul calice se trouvent plusieurs centaines de fleurs. Permettez-moi quelques détails techniques, je serai aussi bref que possible.

Prenez un bleuet, sur les bords de la fleur vous

7

trouvez comme cinq petits cornets, indépendants les uns des autres, plissés et à cinq divisions, ce sont autant de fleurs ; enlevez-les, puis ouvrez ce qui vous reste entre les doigts ; vous trouvez une multitude de très-petits cornets, à cinq divisions encore, mais sans plis, ce sont autant de fleurs pourvues d'étamines et de pistils.

Abandonnons ces restes de ce qui fut une des plus jolies fleurs de nos champs, et cueillez cette étoile bleue qui s'épanouit sur la tige de la chicorée. Tirez un de ces petits rayons, il se détache, vous avez entre les doigts une fleur composée d'étamines, de pistils et d'une corolle incomplète, car elle n'a qu'une lame dans sa plus grande partie, vers l'extrémité inférieure seulement se forme le cornet. Tirez un second, un troisième, un dixième rayon, ce sont autant de fleurs.

Or, les premières fleurs se composaient de cornets complets, c'est-à-dire de fleurs entières, nous les nommerons flosculeuses, ou du nom d'un genre, le chardon, *carduacées;* les secondes, qui n'ont que des demi-cornets, c'est-à-dire des demi-fleurs, seront des semi-flosculeuses, ou du nom du genre chicorée, ce seront des *chicoracées*.

Mais voici une troisième fleur, c'est une marguerite de nos prés. Son disque d'or resplendit au milieu de l'argent des rayons. Examinons la marguerite. Arrachons sa blanche collerette, comme si nous voulions interroger le destin de la fille des champs. Chaque rayon blanc est un demi-cornet. Puis, quand vous les avez fait tomber un à un, contemplez le disque restant et vous le trouverez composé de cornets complets. Voilà donc une fleur à la fois flosculeuse et semi-flosculeuse. Comment nommerons-nous cette division de la famille des composées? Tout à l'heure nous avons comparé les fleurs de la circonférence à des rayons, nommons donc ces plantes des *radiées*.

Dans cette famille brillent les dahlias, dont la culture a tant varié les espèces et que l'on ne voudrait plus reconnaître dans la plante à fleur simple, dédiée au Suédois André Dahl, et que Cavanilles découvrit au Mexique et décrivit en 1791; la chrysanthème qui, mentant à son nom, a changé l'or de ses rayons pour les teintes les plus variées d'une riche palette; les asters où brillent les reines-marguerites, et parmi lesquelles, astre tombé du ciel, s'épanouit l'étoile œil-du-Christ dont le disque jaune est entouré de rayons d'un beau bleu; les immortelles, dont une fut dédiée à l'impératrice Joséphine, les hélianthes ou soleils, originaires du Pérou, aujourd'hui si communs chez nous. Quel ne dut pas être l'étonnement de celui qui, le premier, rencontra ce grand soleil dans les plaines de Quito? Qui mieux que cette superbe fleur pouvait offrir l'image de cet astre dans un pays où les habitants l'adoraient comme le père de la nature !

Dans les composées encore, la plupart de ces herbes bienfaisantes, au suc laiteux, qui ont place sur toutes les tables, ici imbibées du suc parfumé du fruit de l'olivier, là plus modestement adoucies par l'huile du Nord.

Dioclétien mettait à cultiver ses laitues autant d'intérêt qu'il en avait pris à gouverner l'empire. La laitue nous rappelle un crime célèbre dans l'histoire de Perse.

Cambyse, après s'être souillé du meurtre de son frère Smerdis, dînait un jour avec sa sœur Méroe. Cette malheureuse princesse effeuillait une laitue pommée. Quel dommage ! s'écria le tyran, elle était si belle avec toutes ses feuilles!... — Ainsi en est-il de notre famille, osa répliquer Méroe, depuis que vous en avez retranché l'un des principaux rejetons.

Cette hardiesse coûta la vie à la princesse, Smerdis se fit une seconde fois fratricide.

Et le genre nombreux des chardons, auxquels on pardonnera en faveur du gentil chardonneret qui leur a pris son nom D'ailleurs n'ont-ils pas pour voisin l'excellent artichaut? Voici la camomille et l'herbe à mille feuilles, le tussilage pas-d'âne et la paquerette, le seneçon et la cinéraire, le souci et l'arnica, l'armoise et l'absinthe.

Pour échapper à tant de souvenirs qui se pressent comme dans une pluie d'été les gouttes succèdent aux gouttes, j'arrive aux légumineuses.

Les *légumineuses*, vous les connaissez, c'est l'acacia, le genêt, le pois de senteur. Comment, dites-vous, mais rien de tout cela ne se vend au marché aux légumes. C'est vrai. J'aurais dû commencer par vous dire qu'on nomme légume cette fructification en gousse à deux valves dans sa longueur, comme la cosse de pois, celle de fèves, celle de la casse. Eu égard à la forme de la fleur, on a appelé aussi cette famille *papillonnacées*. Prenez une fleur de pois musqué ou de senteur. Vous trouvez d'abord un large pétale, celui du haut, semblable à une grande voile et que l'on nomme étendard. Il abrite une partie inférieure, formée de deux pétales soudés et qui présente la forme d'un petit batelet, d'un berceau, on l'appelle carène. Enfin deux pétales latéraux se nomment ailes. Voilà le papillon planté, qui appelle par son parfum l'insecte léger qui viendra plonger dans ses nectaires sucrés sa trompe élastique.

Nos jardins paysagers doivent une partie de leurs

richesses à cette famille où l'on compte les acacia, les faux ébéniers ; les ajoncs qui jaunissent avec le gènet à balai dans les bruyères, le cytise aimé des chèvres.

Le bois de courbaril dans lequel on a sculpté les oves de votre piano, Madame, est une légumineuse. Le haricot, la fève, la lentille, le pois sont des légumineuses ; la luzerne, le trèfle, le sainfoin, légumineuses. Une espèce exotique de sainfoin présente un singulier phénomène. Ses feuilles sont composées de trois folioles dont la terminale est très grande, les deux latérales petites. Pendant tout le jour, ces deux dernières sont dans une agitation presque continuelle, elles s'élèvent et s'abaissent successivement en décrivant un arc de cercle ; tantôt elles se meuvent dans le même sens, tantôt l'une monte pendant que l'autre descend. Cette plante étrange fut découverte au Bengale par Mme Monson. Selon elle, les Indiens frappés du phénomène que cette plante leur présentait en firent l'objet d'un culte particulier. A un certain jour de l'année, alors que les deux folioles latérales sont le plus rapprochées, ils les cueillent, les pilent avec la langue d'une espèce de chouette et l'amant plein de foi croit, avec cette préparation, attendrir le cœur de la jeune Indienne à laquelle il aspire. Ce n'est assurément pas plus naïf que la croyance des gens qui cherchent le trèfle à quatre feuilles, persuadés qu'ils sont que c'est un gage assuré de fortune.

Ce serait sans doute l'occasion de vous parler maintenant du sommeil des plantes, si remarquable dans cette famille des légumineuses, où l'on voit les folioles des fleurs se replier les unes sur les autres à mesure que l'ombre descend sur la terre. Je voudrais vous entretenir de la délicate sensitive; mais j'ai hâte, pour tenir ma promesse, j'ai hâte d'en venir aux rosacées ou plutôt à la rose.

Je vous disais dernièrement que vous retrouverez les fleurs partout et toujours. Il est surtout une fleur qui jouit de ce privilége, c'est la rose. Les poëtes l'ont chantée à l'envi, ils en ont célébré la naissance.

Hésiode, le vieux Théogone, Anacréon partagent la même idée. Couronnons nos coupes de feuilles de roses, la rose est le pur souffle des dieux, la joie des mortels. Lorsque la mer produisit de son écume ensanglantée la belle Vénus et la montra tout éclatante sur les flots tranquilles; quand Pallas, qui aime le bruit des armes, sortit tout armée du cerveau de Jupiter, alors la rose, cette fleur brillante et nouvelle, embellit la terre. Tous les dieux voulant contribuer au développement de cette fleur immortelle de Bacchus l'arrosèrent de nectar et aussitôt cette plante agréable s'éleva majestueusement sur sa tige épineuse.

Voici Bion, maintenant qui pleure Adonis, victime d'un farouche sanglier. Vénus versa autant de larmes qu'Adonis avait versé de sang ; larmes et sang furent changés en fleurs, larmes en anémones et sang en roses.

La rose est consacrée à Vénus, dit Bodée dans ses commentaires sur Théophraste, de même que la couleur rose est la plus belle de toutes les couleurs; ainsi Vénus est la plus belle des déesses et la pudeur, dans la femme se doit marquer par l'incarnat du visage.

C'est pour cela que Théocrite dans une de ses Idylles, Virgile dans l'*Enéide*, comparent Hélène et Lavinie à une rose. Cornelius Gallus dit aussi : « Je dédaigne le teint le plus blanc, si ce visage serein ne se couvre parfois des teintes roses de la fleur du printemps. C'est la couleur que Vénus chérit avant toute autre, et la reine de Chypre aime à retrouver partout sa fleur préférée.

Un jour, la déesse de la beauté jouant imprudemment avec les flèches de son fils, piqua son doigt rose. Une gouttelette de sang s'en échappa, elle tomba sur la terre et la rose en naquit. Ainsi parle Sapho.

Ausone la fait naître du sang de Cupidon. Et un autre écrivain, Philostrate (*de Imaginibus*), fait

entre la rose et le fils de Vénus un charmant parallèle
que je ne puis m'empêcher de redire en abrégé au
moins. La rose et Cupidon ont tous deux une chevelure d'or ; les aiguillons de la rose sont les flèches
du Dieu ; pour torches elle élève au ciel ses étamines
aux anthères gonflées ; pour ailes elle a des feuilles.
Ni Cupidon ni la Rose ne connaissent le temps.

Fulgence (Mythol. de Vénus) dit à son tour :
« Les roses, comme le désir voluptueux (*cupido*),
rougissent et font souffrir ; on rougit par crainte de
la honte, l'aiguillon du péché se fait sentir ; et
comme la rose, agrément d'un moment, passe rapidement ; ainsi le désir qui flatte ne dure qu'un
instant et s'enfuit sans retour.

Ainsi, dit Catulle, Vénus (la mère de la rose), à
qui doivent surtout leur naissance les plaisirs et les
jeux, porte en son sein des épines acérées.

Les Turcs, d'après Auger de Bousbecques
(tome I), ont pour la rose un respect extrême ; ils la
pensent née du sang de Mahomet. Aussi la rose ne
saurait-elle ramper dans la poussière.

La rose était née blanche et sans odeur, écrit
Bion ; un jour Vénus, assise au banquet des dieux,
en portait une couronne. L'Amour, en folâtrant,
renversa d'un coup d'aile la coupe de Jupiter et
une goutte du nectar qu'elle contenait étant tombée

sur la couronne de sa mère, les fleurs rougirent aussitôt et répandirent le doux parfum qu'elles ont conservé depuis.

Elle était blanche, Vénus en avait couvert le plancher de son boudoir, nous dit Cassien. Lorsque la déesse apprit la mort d'Adonis tué par Mars, elle sauta de son lit, les pieds non chaussés et une épine cruelle perça sa chair délicate. Aussitôt la rose rougit et développa son parfum.

La rose blanche, penchant sa corolle embaumée sur le limpide cristal d'un ruisseau; se vit bien belle, raconte un vieux poëte anglais, et elle rougit de bonheur.

Aussi voyez comme Leucippe exalte la rose. Si Jupiter voulait donner une reine aux fleurs, la rose serait la reine de toutes les fleurs. Elle est l'ornement de la terre, l'éclat des plantes, l'œil des fleurs, l'émail des prairies, une beauté éclatante. Toutes ses feuilles sont charmantes, son bouton vermeil s'entr'ouvre avec une grâce infinie et sourit délicieusement aux zéphirs amoureux.

Moschus raconte qu'Europe, lorsqu'elle fut enlevée par Jupiter, s'était rendue sur le bord de la mer attirée par les attraits naissants des boutons de rose.

Théocrite dit que les roses mariées au serpolet étaient dédiées aux Muses, filles de l'Hélicon.

Des poëtes ! Mais tous ont chanté la rose.

Cléon, l'humble adorateur du peuple athénien, dit dans les vers d'Aristophane : Les oracles m'annoncent le pouvoir sur toute la contrée, je serai couronné de roses. Les roses sont l'emblème du pouvoir.

Properce dit qu'il lui est bon, pendant que sévit l'orage, de se ceindre le front des roses du printemps. De même Martial.

Ovide nous apprend qu'on en couvrait les tables du festin. Horace nous confirme la coutume dans ses odes.

D'après le poëte Fortunat, chez les Francs les tables étaient couvertes de fleurs, les mets reposaient sur les roses; les murs de la salle étaient tapissés de rameaux et de lierre : le sol était jonché de lys, de pavots et d'herbes odorantes.

Homère, dans l'*Illiade*, nous vante l'huile de roses. (XXIII, v. 146).

Phasèle avait la palme pour l'essence de rose ; Naples, Capoue, Préneste la lui enlevèrent.

A mon avis, dit Pline, le parfum le plus généralement répandu est l'essence de rose, car partout la rose croît en abondance.

Columelle nous montre les roses dans les fêtes sacrées. Que la jeune fille, les joues couvertes de l'incarnat ingénu de la pudeur, offre des roses en hommage aux dieux.

Les coureurs, à Rome, se ceignaient de roses, emblème de leur célérité. La rose passe vite.

Hérodote raconte que les Téménides (Liv. VIII) se retirèrent vers les jardins de Midas où naissaient spontanément des roses à soixante feuilles, d'une odeur plus parfumée que les autres.

Un grave père de l'Église, saint Ambroise, a introduit la rose dans ses œuvres. La vie est semblable à la rose ; car bien que dans la fleur il y ait un doux parfum, il y a aussi une amertume. L'aiguillon blesse facilement. Ainsi dans la vie humaine, quelle qu'en soit la douceur, il y a les amertumes de nombreuses sollicitudes, par là, la tristesse s'unit à la joie.

Voulez-vous me permettre maintenant de laisser parler nos poëtes français. Ecoutez Desperriers à Jeanne de Navarre :

Un jour de mai que l'aube retournée
Rafraichissoit la claire matinée,
Afin d'un peu récréer mes esprits,
Au grand verger, tout le long du pourpris,
Me promenois par l'herbe fraische et drue,
Là, où je vis la rosée épandue,
Et sur les choux ses rondelettes goutes
Courir, couler, pour s'entrebaiser toutes :

Le rossignol, ainsi qu'une buccine [1],
Par son doux chant, faisoit au rosier signe
Que ses boutons à rosée il ouvrit,
Et tous ses biens au beau jour découvrit
L'aube naissante avait couleur vermeille
Et vous étoit aux roses tant pareille,
Qu'eussiez douté si la belle prenoit
Des fleurs le teint, ou si elle donnoit
Aux fleurs le sien, plus beau que mille choses :
Un mesme teint avoient l'aube et les roses,
Là commençoient à leurs aisles étendre
Les beaux boutons ; l'un estoit mince et tendre,
Encore tapi dessous sa coëffe verte,
L'autre montroit sa crête découverte,
Dont le fin bout un petit rougissoit :
De ce bouton la prime rose issoit [2] ;
Mais celui-ci démeslant gentement
Les menus plis de son accoustrement,
Pour contempler sa charnure refaite,
En moins de rien fut rose toute faite ;
En un moment devint sèche et blesmie [3]
Et n'étoit plus la rose que demie.
Vu tel meschef, me complaignis de l'âge ;
Qui me sembla trop soudain et volage ;
Et dis ainsi : « Las ! à peine sont nées
Ces belles fleurs qu'elles sont jà fanées. »

[1] Trompette.
[2] Sortait.
[3] Pâle.

Je n'avois pas achevé ma complainte
Qu'incontinent la chevelure peinte,
Que j'avois vue en la rose brillante,
Tomba aussi en chute violente,
Dessus la terre, étant gobe[^1] et jolie,
D'ainsi se voir tout à coup embellie
Du teint des fleurs chutes à l'environ,
Sur son chef brun et en son vert giron.

. . . .

Or si ces fleurs un seul instant ravit,
Ce néanmoins chacune d'elles vit
Son jour entier. Vous donc, jeunes fillettes
Cueillez bientost les roses vermeillettes,
Puisque la vie, à la mort exposée,
Se passe ainsi que roses ou rosée.

Tout le monde connaît ces vers charmants d'un
autre poëte du même temps :

Mignonne, allons voir si la rose
Qui ce matin avait déclose
Sa robe de pourpre au soleil
N'a point perdu, cette vesprée,
Les plis de sa robe pourprée
Et son teint au vôtre pareil.

[^1]: Joyeuse.

Et ceux de Malherbe :

Et rose, elle a vécu ce que vivent les roses,
    L'espace d'un matin.

Et Delille et Châteaubriand :

Epuisez, en riant, la corbeille élégante,
Enfants, jetez des fleurs et qu'en pluie odorante
    Elles retombent sous vos pas ;
Jetez des fleurs, enfants, vous qu'on nomme des anges
    Vos mains ne les flétriront pas.

Cependant des groupes d'adolescents marchent entre les rangs de la procession. Les uns présentent des corbeilles de fleurs ; les autres, les vases des parfums. Au signal répété par le maître des pompes, les choristes se retournent vers l'image du soleil éternel et font voler des roses effeuillées sur son passage.

Chaque année, à Rome, au 5 août, le jour de Notre-Dame des Neiges, dans la chapelle libérienne, pendant la messe, on jette de la voûte une pluie odorante de fleurs, de roses et de jasmins blancs, rappelant le miracle du mont Esquilin, où tomba, en pleine chaleur d'été, vers le milieu du IVe siècle, la neige miraculeuse, signe de bénédiction par le patrice Jean.

On lit dans la vie de sainte Dorothée qu'un ange vint lui offrir une rose.

Sainte Cécile pensait que la musique et les roses, harmonies et parfums, étaient agréables au Seigneur.

Dans l'église Sainte-Suzanne, à Rome, on voit une mosaïque représentant Charlemagne à genoux, recevant du pape un étendard semé de roses.

Ecoutez maintenant l'abbé Banier nous racontant la cérémonie de la bénédiction de la rose d'or :

« Urbain V envoya en 1366, le quatrième dimanche de carême, une rose d'or à Jeanne, reine de Sicile, et fit un décret par lequel il ordonnait que les papes en consacreraient une tous les ans en pareil temps Cette rose d'or est enrichie de pierreries. Le pape l'envoie souvent à des princesses ou à quelque église qu'il affectionne particulièrement. Sa Sainteté bénit cette rose dans la chambre des Paremens avant que d'aller entendre la messe à sa chapelle. La bénédiction de la rose se fait avec de l'encens, de l'eau bénite, du baume et du musc mêlés ensemble. Après la bénédiction, le pape sort de la chambre : un de ses camériers secrets porte la rose devant lui et la pose sur un chandelier. Un cardinal diacre la présente à Sa Sainteté qui, en s'acheminant à la chapelle, la tient à sa main gauche et bénit de la droite les fidèles qui se trouvent sur son passage.

« .... N'oublions pas que le dimanche de la rose d'or s'appelle aussi *Lœtare*, et que le sacré collége paraît alors à la chapelle en soutanes de couleur de roses sèches.

« La rose a trois qualités remarquables, dont on doit faire l'application aux fidèles de l'Eglise : la couleur, l'odeur et le goût. La matière de la rose d'or, le musc et le baume qu'on y emploie sont des emblèmes de la divinité, de la spiritualité et de l'humanité de Jésus-Christ [1]. »

Le 19 juin 1856, Mgr l'évêque de Nancy et de Toul, et Mgr l'évêque d'Adras, premier et second aumôniers de Leurs Majestés, assistaient à la cérémonie de la remise à S. M. l'Impératrice de la rose d'or que le Pape Pie IX lui envoyait à l'occasion du baptême du prince impérial, dont Sa Sainteté avait accepté d'être le parrain.

[1] *Histoire des Cérémonies religieuses,* abbé Banier, 1744, tome II, page 228.

Qu'on se représente un superbe socle de marbre rouge antique, aux armes du Saint-Père et de l'Empereur, en mosaïque d'un fini parfait; ce socle, surmonté d'un vase en or orné d'élégantes sculptures, et portant une tige de rosier couvert de boutons et de roses, et formant un magnifique bouquet d'or ; parmi ces roses, une se distingue particulièrement, plus grande et plus pleine ; c'est celle où le saint Père, au moment de la bénédiction solennelle, le jour de la Pentecôte, inséra le baume bénit, et l'on aura une faible idée de cette œuvre qui fait l'admiration de toute l'assistance.

Le splendide présent du souverain pontife a été offert à Sa Majesté l'Impératrice pendant la messe qu'a célébrée dans la chapelle du palais de Saint-Cloud S. Em. le cardinal-légat.

Voici la traduction de l'allocution qu'a dû employer S. Em. pour accomplir la mission que le saint Père lui a confiée près de Sa Majesté l'Impératrice.

« Recevez de nos mains la rose que nous vous remettons par un mandat exprès de notre saint Père et Seigneur en Jésus-Christ, Pie, par la divine Providence pape, neuvième du nom. Cette rose est l'emblème de la joie de l'une et l'autre Jérusalem,

c'est-à-dire de l'Église triomphante et militante ; par
elle se manifeste aux yeux de tous les fidèles chré-
tiens celui qui est lui-même la fleur par excellence,
la joie et la couronne de tous les saints. Prenez cette
rose, fille bien-aimée, qui, noble selon le siècle, êtes
encore douée d'une grande puissance et d'une émi-
nente vertu, afin que vous soyez de plus en plus
ennoblie de toute grâce en Jésus-Christ notre Seigneur, comme la rose plantée sur les rives des eaux
abondantes. Daigne, dans sa clémence infinie, vous
accorder cette faveur, celui qui, un seul Dieu en
trois personnes, règne dans les siècles des siècles.
Ainsi soit-il ! »

Vous connaissez sans nul doute la charmante
énigme : Nous sommes cinq frères, nés au printemps ; deux ont de la barbe, deux n'en ont pas, le
dernier n'en a que sur une joue. — Ce sont les cinq
divisions du calice de la rose — les bengales exceptés — dont deux divisions sont ornées de folioles
vertes, deux en sont dépourvues, une n'en a que
d'un côté.

Quinque sumus fratres, quorum duo sunt sine barba ;
    Barbati duo sunt, sum semibarbatus ego.

S

La baillée aux roses est chose historique et qui réclame quelques-uns de nos moments.

Le 6 mai de l'an 1227, la reine Blanche de Castille était allée au Poitou tenir le parlement, comme régente du royaume en la minorité de son fils. Parmi les jeunes pairs se trouvait le comte de la Marche, éperdûment épris de la douce Marie, fille unique du premier président, Pierre Dubuisson.

Quand vint la nuit, le comte s'en alla dans le Champ-aux-Rosiers chanter près de la demeure du père de Marie une des tendres chansons du comte Thibault. Avant que son second couplet fût terminé, une fenêtre s'ouvrit et une voix en sortit disant :

« N'avez-vous pas honte, Monseigneur, de perdre ainsi en folles pensées de galanterie les heures que vous devriez consacrer à l'étude pour remplir demain les graves devoirs qui vous sont imposés. Regardez ces fenêtres du Parlement, à travers lesquelles glisse la lumière incertaine ; là sont vos collègues se préparant aux suprêmes fonctions qui les attendent demain. Suivez cet exemple. »

Le lendemain, Philibert de la Marche étonnait le parlement par la sagesse avec laquelle il avait fait son rapport sur la question de la succession du

Vidame de Bergerac, question épineuse où le droit écrit et la coutume de deux provinces étaient en désaccord.

La reine-mère complimenta le comte et ajouta :

« Je savais d'où vous venait cet amour subit des labeurs sérieux ; hier soir je me promenais au Champ-aux-Rosiers lorsque le conseil vous vint d'en haut. Or ça, Messire Dubuisson, je vous nomme chancelier de France, et vous ma belle enfant, dit-elle en se tournant vers Marie, recevez le prix de vos bons avis. Demain la cour saluera en vous la comtesse de la Marche. Et pour perpétuer le souvenir de Marie, je veux qu'en mémoire de la nuit d'hier les jeunes pairs présentent à mon parlement, comme tribut annuel, le 1er mai, une moisson de roses. Comte de la Marche rendez le premier cet hommage à mon parlement. »

Depuis cette époque, le plus jeune des pairs de France accomplissait cette touchante et naïve cérémonie. Cet usage était encore dans toute sa vigueur au XVIe siècle.

En 1541, la baillée aux roses donna lieu à une contestation sur la préséance, entre le jeune duc de

Bourgogne Montpensier et le duc de Nevers. La question fut vidée par le Parlement, qui décida « qu'ayant égard à la qualité de prince du sang, jointe avec la qualité de pairie, la cour ordonnait que le duc de Montpensier pourrait le premier bailler les roses. »

Vers 1589, dit M. Jacquemart, qui nous fournit ces détails, la baillée aux roses cessa par la raison que les ducs et pairs n'eurent garde de se soumettre à cette cérémonie envers un parlement de la façon de la Ligue.

A la rose se rattache encore la fête de la Rosière, instituée par saint Médard, évêque de Noyon. Tous les habitants du village ont revêtu leurs plus beaux habits; les curieux arrivent en foule de tous côtés; on se presse, on s'agite, on se heurte, on se pousse; des milliers de voix répètent un même nom. Mais le roulement du tambour s'est fait entendre, les bannières flottent au vent, le cortége s'avance, le plus grand silence règne dans l'assemblée, et chacun se découvre avec respect en voyant passer une jeune fille que le maire, accompagné des autres autorités locales, conduit par la main au sanctuaire où elle va recevoir, de la main du ministre des autels, une couronne de roses et une petite dot en récompense de sa vertu. (Ed. AUDOUIT. *Herbier des demoiselles.*)

La rose est la fleur chérie des Orientaux, symbole
de perfection et de jeunesse. La fête des roses est
célébrée dans la Perse, dans l'Inde et dans la charmante vallée de Cachemire. C'est celle du printemps.
Un amusement singulier de ces fêtes consiste à se
jeter, avec des tubes de verre, une eau balsamique,
ou bien une poudre fine colorée de safran ou de toute
autre poussière parfumée, rouge, jaune. En quelques lieux ce sont des feuilles de roses déposées à
cet effet dans de larges paniers.

Je m'aperçois que j'ai mille choses à dire encore,
sur la guerre des deux roses, rose rouge de Lancastre, rose blanche d'Yorck, sur les coutumes de
la Bretagne où, dans le moyen âge, le chapel de
roses était la seule dot pour la pauvre demoiselle
qui laissait la part d'héritage à l'aîné du nom; sur les
roses d'Apulée, et tant d'autres détails. Je ne puis
vous lasser cependant, et je veux terminer par une
légende que j'ai entendue de la bouche d'un vieillard
du pays de Bray, et par une page charmante de
M. de Montalembert.

Près de Beauvais, entre la route qui conduit à
Gisors et celle qui mène à Rouen, se trouve une
colline surmontée d'une église et de quelques maisons. C'est Montmil, le mont des 1,000 martyrs.
Au pied de la colline coule un ruisseau, le Thérain;

sur l'autre rive est une ferme. A l'angle d'une grange s'élève un magnifique rosier à fleurs pourpres, rosier respecté et objet de la légende :

Le 8 janvier de l'an 290, saint Lucien, premier évêque de Beauvais, avait subi, avec un grand nombre de ses disciples, le supplice de la décollation. Comme saint Denis, il revenait à sa ville épiscopale, humble bourgade aux trois quarts romaine, portant dans ses bras sa tête que le fer du bourreau avait séparée du tronc. Arrivé au bas de la colline, le saint avait à traverser la rivière. Une femme lavait de la toile de l'autre côté. Saint Lucien lui fait signe d'étendre cette toile sur l'eau et il traverse la rivière comme sur le pont le plus solide. La femme retira ensuite à elle la toile, sans prendre garde, dans son trouble, que l'étoffe s'allongeait indéfiniment sous sa main, jusqu'à ce qu'une exclamation aux dieux de l'Olympe fit cesser le prodige. Pendant ce temps, le martyr, arrivé là où devait s'élever plus tard la grange, se reposa un moment. Et lorsqu'il reprit sa route, un rosier était né au lieu où étaient tombées les gouttes de son sang, et malgré la saison l'arbuste était couvert de fleurs.

Voici maintenant le récit recueilli par M. de Montalembert, le 29 juin 1834, de la bouche d'un paysan des environs de Marbourg :

« Élisabeth aimait à porter elle-même aux pauvres, à la dérobée, non-seulement l'argent, mais encore les vivres et les autres objets qu'elle leur destinait. Elle cheminait ainsi chargée par les sentiers escarpés et détournés qui conduisaient de son château à la ville et aux chaumières des vallées voisines. Un jour qu'elle descendait, accompagnée d'une de ses suivantes favorites, par un petit chemin très-rude que l'on montre encore, portant dans les pans de son manteau du pain, de la viande, des œufs et d'autres mets, pour les distribuer aux pauvres, elle se trouva tout à coup en face de son mari qui revenait de la chasse, Étonné de la voir ainsi ployant sous le poids de son fardeau, il lui dit : « Voyons ce que vous portez; et, en même temps, ouvrit malgré elle le manteau qu'elle serrait toute effrayée contre sa poitrine; mais il n'y avait plus que des roses blanches et rouges, les plus belles qu'il eût vues de sa vie; cela le surprit d'autant que ce n'était pas la saison des fleurs. S'apercevant du trouble d'Élisabeth, il voulut la rassurer par ses

caresses, mais s'arrêta tout à coup en voyant appa-
raître sur sa tête une image lumineuse en forme de
crucifix. Il lui dit alors de continuer son chemin
sans s'inquiéter de lui, et remonta lui-même à la
Wartbourg, en méditant avec recueillement sur ce
que Dieu faisait d'elle et emportant avec lui une de
ces roses merveilleuses qu'il garda toute sa vie.... »
— C'est le plus célèbre et le plus populaire des
miracles d'Élisabeth : elle a été souvent représentée,
par les peintres et les sculpteurs catholiques, avec
des roses dans son manteau. On cultive encore des
roses en grande quantité autour de son église à Marbourg, comme aussi sur la Wartbourg. Le peuple
de ces deux lieux, quoique protestant, a conservé
avec amour cette légende.

LES PLANTES

VÉNÉNEUSES

MESDAMES, MESSIEURS,

C'est une tâche ingrate que celle que j'aborde aujourd'hui ; dépouillant les fleurs des qualités diverses qui charment chacun de vos sens, je dois vous montrer quels périls elles renferment dans les plis odorants de leur manteau fleuri, dans les fruits sucrés qui tentent et sollicitent le palais.

Est-ce à dire que toutes les fleurs soient dange-reuses et que nous soyons obligés de nous en priver totalement? Non, certes; et à défaut des jouissances du goût, de l'odorat, il nous restera le plaisir de la vue. Encore y faut-il quelques précautions.

Je me rappelle qu'étant enfant j'allai passer mes jours de vacances au château du père d'un de

mes compagnons d'études. Là, je vis l'arrière-
grand'mère, aimable femme, charmant les loisirs
des soirées de la vie de campagne par sa conversation variée, tandis que sa main promenait l'aiguille
sur un canevas de tapisserie. Ses yeux, d'habitude, étaient baissés; parfois elle relevait leur
disque d'azur sur nous, mais hélas! la vie en
était absente. Les fleurs lui avaient ravi l'usage de
ce sens. Un jour, c'était celui de sa fête, on lui avait
offert des moissons de fleurs parfumées. Les bouquets demeurèrent dans sa chambre, les émana-
tions des plantes vicièrent l'air de l'appartement,
et le lendemain Mme de M... était retrouvée presque
mourante dans son lit. Des soins empressés lui
rendirent la santé, mais ses yeux, paralysés, ne
devaient plus voir désormais.

A ce fait que je puise dans mes souvenirs je
puis joindre les constatations de la science. En
effet, si les feuilles dégagent pendant le jour de
l'oxygène, gaz qui rend à l'air atmosphérique la
qualité vitale que lui avait enlevée en partie la
respiration des animaux, elles exhalent, pendant la
nuit, du gaz acide carbonique, gaz délétère. Les
fleurs, au contraire, ne dégagent jamais que du gaz
acide carbonique. Une expérience bien simple vous
en convaincra.

Placez, le soir, plusieurs roses sous une cloche, de manière à ce que l'air extérieur ne puisse y pénétrer Le lendemain introduisez une bougie allumée sous la cloche, sans la renverser; la bougie s'éteindra, parce que les fleurs auront absorbé l'oxygène, l'auront remplacé par de l'acide carbonique et auront vicié l'air.

Les fleurs embaumées de nos jardins nous punissent, par des maux de tête, des défaillances de cœur, de notre avidité à jouir de leur parfum. Voici ce que raconte le savant Fodéré :

« J'avais cueilli, dans la campagne, une belle
« fleur (*atropos mandragora*) que je plaçai, par
« inadvertance, sur la table de mon cabinet de tra-
« vail. Après être resté quelque temps à travailler
« dans ce local, les portes et les fenêtres fermées,
« je fus pris de vertige, de faiblesse, puis d'une
« langueur telle que j'avais peine à me soutenir.
« Je ne songeais plus à la mandragore, mon pre-
« mier mouvement fut d'ouvrir la fenêtre, ce que
« je fis en m'appuyant par hasard sur la plante,
« qui exhala une odeur fortement nauséabonde. Je
« reconnus alors la cause des accidents que j'éprou-
« vais, lesquels se dissipèrent aussitôt que j'eus
« jeté la plante vénéneuse par la croisée. »

J'emprunte les lignes suivantes à Jules Janin, à propos du peintre Redouté :

« Pauvre homme, si aimable et si bon, il est
« mort d'apoplexie par la mauvaise et brutale vo-
« lonté d'un méchant commis du Ministre de l'Inté-
« rieur, qui avait refusé de lui commander un
« tableau. Le matin même il avait fait sa dernière
« leçon au Jardin des Plantes, puis en passant dans
« le jardin il avait demandé un beau lis tout chargé
« de rosée ; rentré chez lui, il avait posé la belle
« fleur dans un vase de porcelaine et il s'était mis
« à la dessiner avec cette calme passion qu'il appor-
« tait à toutes ses œuvres. Cependant la nuit était
« venue déjà ; la fleur perdait peu à peu ce nacré
« transparent qui la rend si brillante, le lis se pen-
« chait sur sa tige languissante, la corolle fatiguée
« s'entr'ouvrait avec peine, laissant échapper son
« pollen maladif. — Il faut que je me hâte, dit
« Redouté, voici déjà que m'échappe mon beau
« modèle ; il ne sera plus temps demain, hâtons-
« nous ce soir. En même temps il allumait sa lampe ;
« le lis fut placé sous cette lueur favorable, Redouté
« continuait son travail. Hélas ! qui l'eût cru, qui
« l'eût jamais pensé ? Entre le peintre et son mo-
« dèle, c'était un duel à mort. A ce moment

« solennel, la noble fleur royale jetait autour d'elle
« toute son odeur suave, toute son âme; le peintre
« résistait de toutes ses forces. A la fin, il tomba
« vaincu, il tomba raide mort sur cette page com-
« mencée. Il dura moins longtemps que cette
« fleur. »

Les journaux de Londres ont raconté la mort
d'une dame dont on trouva le cadavre dans son lit,
la veille elle était bien portante. Les médecins firent
l'autopsie et ils déclarèrent que la mort provenait
d'un empoisonnement de l'air causé par les émana-
tions d'une quantité de lis trouvés dans deux
grands vases, sur la cheminée de la chambre à
coucher.

Une dame me racontait hier un fait analogue
arrivé, il y a soixante ans environ, à Calais : une
Anglaise habitant cette ville était décédée subite-
ment. Le docteur Souville, appelé le matin, attribua
cette mort à la présence de deux vases d'aubépine en fleurs que la dame avait placés dans le foyer
de la cheminée qui, du reste, était bouchée.

Avant de quitter ce chapitre des odeurs et d'arriver directement à vous entretenir des plantes vénéneuses, permettez-moi de vous rappeler, à titre de
bizarrerie, quelques courtes anecdotes.

9

L'odeur d'ail, qui faisait le désespoir de Henri III, réjouissait le bon Henri ; au reste, c'était pour le Béarnais un goût de naissance, son père lui en ayant frotté les lèvres dès le berceau. Un secrétaire de François Ier était frappé d'hémorrhagie nasale chaque fois que la plus légère odeur de pommes de reinette venait irriter .ses nerfs olfactifs. Son frère était incommodé par l'odeur des pommes cuites et le fils de ce dernier ne pouvait sentir les pommes d'api sans éprouver une sécheresse de gosier accompagnée de violentes quintes de toux. Voilà une famille qui n'eût pas disputé la pomme du berger Pâris ou celles d'Atalante.

Une de ces ladies qui, malgré leur corpulence, sont toutes vaporeuses, tombait en syncope à l'odeur des roses rouges ; les blanches lui plaisaient beaucoup. Peut-être descendait-elle de la famille d'Yorck et était-elle ennemie des Lancastre. C'était continuer à distance la guerre des deux roses. Au rebours, le médecin-légiste Zacchias, horripilait devant une rose blanche, les rouges lui étaient fort agréables. Voltaire était incommodé de l'odeur de l'anis. Le professeur Orfila a parlé d'une dame qui ne pouvait se trouver dans un lieu où l'on préparait une décoction de graine de lin sans éprouver bientôt une tuméfaction à la face, suivie d'un violent mal de tête.

Hannemann cite un bourgeois de Copenhague qui, dans sa jeunesse, éprouvait d'affreuses coliques en flairant un citron. Il légua cette susceptibilité nerveuse à ses enfants, et tous, jusqu'à l'âge de vingt ans, éprouvèrent cette étrange influence. Une cantatrice perdait la voix chaque fois qu'elle respirait l'odeur des fleurs d'oranger et ne la retrouvait qu'après plusieurs bains froids. Un frère quêteur, priseur déterminé et qui aurait épuisé la plus profonde tabatière sans sourciller, était atteint d'éternuements convulsifs chaque fois qu'il marchait sur des euphorbes.

L'imagination est bien pour quelque chose dans ces bizarreries, je citerai un trait dont fut témoin le médecin Thomas Capellini :

Une noble dame romaine, aux nerfs délicats, lui racontait un jour qu'elle n'avait jamais pu souffrir l'odeur d'une rose ; que cette fleur était son cauchemar, son enfer. Pendant cet entretien, une de ses amies, portant un bouton de rose dans sa coiffure, entra pour lui faire visite. La petite maîtresse pâlit aussitôt, fit quelques grimaces, agita les bras et défaillit sur son canapé. *Corpo di Bacco*, pensa le docteur, quelle susceptibilité nerveuse ! Il fallait que l'odorat de la belle évanouie fût bien subtil, le parfum du bouton de rose bien puissant pour produire un si violent spasme... On s'empressa autour d'elle; on voulut éloigner l'indiscrète amie, en lui faisant apercevoir qu'elle était la cause de ces attaques de nerfs. Mais l'amie prouva son inno-cence en détachant la fleur de ses cheveux et la don-nant au médecin. Alors les personnes qui entou-raient la noble dame se mirent à sourire, quelques-unes haussèrent les épaules... Ce fatal bouton de rose était artificiel !

Une odeur vireuse décèle toujours une plante dangereuse, cette odeur vous la trouvez spéciale-ment dans les fleurs de la famille des *solanées*, parmi lesquelles sont la pomme de terre, les morelles, la pomme épineuse, la jusquiame, la belladone, le tabac. Ces plantes ont un aspect triste, sombre; elles croissent volontiers aux décombres, dans les cimetières, dans des lieux humides, obscurs, ainsi la mandragore, dont le nom signifie ornement des cavernes. De ces plantes, les unes ne sont pas com-munes dans le Nord, les autres se rencontrent par-tout. Telles sont les morelles dont la fleur est sem-blable à celle des pommes de terre, de la tomate. La graine se présente sous la forme d'une baie jaune, rouge, violette ou noire. Celle de la bella-done ressemble à la cerise nommée guigne, sa saveur est douce et elle a trop souvent été l'occasion de terribles méprises.

La pomme épineuse vous est connue. On la nomme *datura;* dans quelques variétés les fleurs ont une odeur agréable ; les graines renfermées dans une coque semblable à l'enveloppe du marron d'Inde sont noires et luisantes, elles forment un poison violent ; les feuilles ont une action énergique que la médecine a utilisée en certains cas, ainsi qu'elle a fait de nombreux poisons.

Toutes les solanées sont suspectes, et même parmi celles qui sont comestibles, il faut certaines précautions pour en user; on ne doit les employer que bien mûres, en outre la cuisson en fait disparaître les principes délétères.

Le tabac devrait appeler un moment notre attention. Il renferme ce terrible poison, la nicotine, qu'un procès fameux a fait connaître de tous. Mais pour ne pas embrasser trop de détails, je dois me borner aux indications les plus sommaires.

J'ai prononcé le nom de la mandragore. Quelques détails sur cette plante autrefois si renommée seront peut-être accueillis par vous avec intérêt.

La mandragore était réputée fleur magique, douée de puissantes vertus. On la voit se mêler aux sombres enchantements des Thessaliennes, aux philtres des Orientaux, aux charmes nocturnes des sorcières du moyen âge. Le plus souvent, dit

9.

M. Sébastien Rhéal, (Divines féeries de l'Orient et du Nord), elle était censée croître sur le tombeau d'une jeune fille morte d'amour ou d'un voyageur assassiné. Les magiciennes, armées d'une petite serpe, les cheveux dénoués, les pieds nus, allaient la cueillir au clair de la lune, en observant des cérémonies particulières. La fleur répandait du sang au moment où on la séparait de sa tige. Les croyances cabalistiques et populaires lui attribuaient la merveilleuse faculté de chanter à minuit. Ceux qui l'entendaient connaissaient l'avenir. On sait le parti que tira de cette fable Charles Nodier, dans son conte de la *Fée aux Miettes*, et Hoffmann, le fantastique, dans son *Klein-Zacht*.

Jean Bodée, dans ses commentaires sur Théophraste, dit que la mandragore naissait sous les cadavres des pendus. On lui attribuait la faculté de rendre les femmes fécondes, parce que Lia en avait donné à Rachel, stérile jusque là, et qui alors devint mère. C'est du moins la mandragore que la plupart des traducteurs ont cru reconnaître dans le mot hébreu : *duddaïm*.

Le duddaïm, selon Olaüs Cessius, serait le *lotus* cueilli, d'après les anciens rabbins, sur l'arbre müch que le botaniste arabe Abou'l Fadhli assure être le lotus des Grecs. Sprengel, comme Linné,

veut que ce soit un concombre; Bruckman, la
truffe ; M. Vircq, le salep ou pulpe des orchis.
D'autres y voient le *zifzouf*, jujube. D'autres encore
le *sidr*, dont le fruit, *nebisk*, doit être servi par les
houris aux bienheureux, et dont le bois fort épineux
aurait servi, au rapport d'Hasselquist, au couronnement d'épines.

La mandragore était citée parmi les proverbes
des Grecs et des Latins. Il a mangé de la mandragore signifiait : c'est un homme mou, sans énergie,
endormi. Ainsi Démosthènes, dans sa IVe philippique, Julianus César écrivant à Calixènes. Lucien
dans Timon, à propos de marchands lents au
négoce, endormis sur leurs comptoirs dit : Ils ont
dormi sous la mandragore.

Voici ce que rapporte Julius Frontinus : Annibal, envoyé par les Carthaginois contre les Africains
révoltés, sachant que ces derniers étaient avides
de vin, mélangea ce liquide avec de la mandragore,
dont l'action tient le milieu entre le sommeil et la
mort par le poison. Une légère escarmouche ayant
eu lieu, Annibal se retira à dessein. La nuit étant
venue, une nuit orageuse, il feignit de fuir et quitta
le camp, y laissant une grande quantité de vin arrangé.
Les barbares s'emparèrent du camp, pleins de joie.
Puis, lorsqu'ils eurent bu le vin gloutonnement,

tandis qu'ils gisaient semblables à des morts,
Annibal revint et les massacra.

Je résume ces quelques mots sur les solanées
en vous disant : Craignez les fleurs à l'aspect sombre, à l'odeur affadissante ; comme le méchant,
elles ont une physionomie sinistre.

Les *renonculacées* ne sont pas moins dangereuses;
les plus répandues sont les aconits, les anémones,
les renoncules, les pieds d'alouette, l'hellébore (rose
de Noël).

Les renonculacées exercent généralement sur
l'économie animale une action tellement énergique
qu'elles produisent, par la contraction spasmodique
des joues et de la bouche, une sorte de rire que les
anciens nommaient *sardonique*, occasionné par une
plante commune en Sardaigne et qui est peut-être
notre renoncule scélérate.

L'aconit est une plante aux feuilles profondément
découpées et du sein desquelles s'élèvent des tiges
terminées par un épi de fleurs bleues, jaunes ou
panachées. Quelques espèces, dit le docteur Galtier, sont cultivées dans les jardins, à tort, parce
qu'elles deviennent souvent causes d'empoisonnements, sèches, cuites même, les tiges, les feuilles,
les fleurs sont vénéneuses au plus haut degré.
L'aconit est un poison très-prompt, très-actif

pour toutes les espèces animales, spécialement pour l'homme. Il était connu des anciens, qui, en raison de l'intensité de ses propriétés toxiques, en attribuaient l'origine à la terrible Hécate.

On est exposé à manger les racines ou les feuilles en salade, comme du céleri ; les enfants, séduits par la beauté de la fleur, la cueillent et la mangent. Les ouvrages spéciaux sont remplis de faits qui doivent nous être de graves enseignements. J'extrais le suivant du *Journal de Chimie* :

« Un enfant de 21 mois, plein de vie, conduit par sa mère dans un jardin, cueille une tige d'aconit, en mange deux ou trois fleurs. Au bout d'une demi-heure, il chancelle. Deux heures après les parents s'inquiètent, un médecin est appelé ; il arrive pour voir le petit malheureux succomber cinq minutes après. »

La renoncule, outre la variété qui nous vient d'Asie, fournit aux jardins le bouton d'or et le bouton d'argent, aux prairies un grand nombre de plantes à fleurs jaunes. Mères prudentes, écartez-les du moins de vos enfants.

Chacun connaît les anémones Les effets de cette

plante sont également des plus funestes. J'en dirai autant de la rose de Noël qui développe en février ses fleurs blanc -rosé.

Les pieds d'alouette renferment pour principe actif la delphine qui, à faible dose, amène la mort en quatre à six heures.

Un usage pernicieux a préconisé l'emploi de la graine d'éperon-chevalier infusée dans le vinaigre pour détruire la vermine chez les enfants, c'est un moyen dangereux.

Les ancolies, les clématites, les pivoines, sont de la famille des renonculacées ; c'est assez dire qu'il faut s'en méfier.

Dans la famille des *colchicacées* se place la colchique des prés. Il n'y a pas un an qu'un enfant de Pont-à-Marcq mourait en peu d'heures pour en avoir mangé les graines qu'il avait cueillies dans une prairie. C'est cette plante à fleurs d'un violet pâle que l'on fait éclore parfois sur les cheminées.

Dans la famille des *scrophulariées* je vous signalerai une seule plante, la digitale. On cultive dans les jardins la digitale pourprée. Les feuilles sont larges, étalées en rosette, les tiges qui en sortent présentent un magnifique épi dont les fleurs sont en forme de doigt de gant. Les effets toxiques de cette plante sont violents, le malade succombe en douze à vingt-quatre heures.

La famille des *ombellifères* se compose de plantes à tiges fistuleuses, dont les fleurs sont en ombelle, de couleur blanche, comme dans la carotte, le cerfeuil, ou jaune.

C'est dans cette famille que se range la ciguë, dont nous ne distinguerons qu'une espèce, la petite ciguë, souvent mélangée au persil et au cerfeuil. Je croirai ne point abuser de votre attention en vous signalant les caractères distinctifs.

Le meilleur est l'odeur. Froissez entre les doigts les feuilles; celles du cerfeuil et du persil ont une odeur aromatique; celles de la petite ciguë une odeur vireuse. Lorsque les plantes sont fleuries, remarquez que le cerfeuil a les pétales égaux, les folioles sont d'un vert clair, l'ombelle n'a que 4 à 5 rayons. Le persil a les fleurs jaune verdâtre, les feuilles deux fois découpées. La ciguë a les fleurs blanches, les ombelles ont jusqu'à 20 rayons. Au reste, comme il existe des variétés à feuilles frisées de persil et de cerfeuil, le mieux serait de ne cultiver que celles-là.

Il arrive aussi, surtout en Bretagne, que l'on a à déplorer des empoisonnements par la grande ciguë, œnanthe safranée, nommée en breton *pembis*. Chaque année fournit son triste contingent.

Le dimanche, 3 août 1856, trois militaires de

l'infanterie de marine se promenant aux environs
de Kerinon, près le village de Kerduff, remar-
quèrent, dans une prairie, une plante qu'ils croyaient
avoir vue dans les Antilles, et dont les racines constituent un aliment tout à fait innocent et assez
agréable. Immédiatement ils l'arrachèrent du sol,
et, confirmés dans leur persuasion par la ressemblance qu'ils trouvèrent à ces tubercules avec ceux
de la plante coloniale, ils en mangèrent une assez
grande quantité. Mais, au bout d'une demi-heure,
ils furent saisis de maux de tête, de vertiges, etc.;
tous les symptômes d'empoisonnement se déclarèrent, et l'un d'eux, Joseph Malveau, fusilier à la
7ᵉ compagnie, succomba bientôt au milieu d'atroces
convulsions. Les deux autres purent gagner la ville
et furent heureusement sauvés.

Je vais maintenant attaquer une des fleurs qui
vous sont sans doute bien chères; c'est dans la
famille des *caprifoliacées*, où se trouvent le chèvrefeuille, que les Anglais ont nommé *honey-suckle*
(allaitement de miel), le sureau, la boule de neige,
le lierre. Ce ne sont pas seulement leurs fleurs
qui sont à redouter, mais encore et surtout leurs
baies. On a remarqué que les animaux, les insectes,
respectent les sureaux, parmi lesquels nous
devons noter comme les plus dangereux le sureau

à grappes et l'hyèble, petit sureau, sureau en herbe.

Deux enfants mangent, l'un des fleurs, l'autre des fleurs et des feuilles, aux environs d'Edimbourg. Le dernier W. Ross, âgé de 8 ans, se plaint deux heures après de violentes coliques, de chaleur à la peau, avec vives douleurs et irritation à la bouche et à l'arrière-bouche. L'état était très-grave, la guérison ne vint qu'après dix jours de traitement énergique. L'autre, âgé de 11 ans, n'ayant mangé que des fleurs, ne ressentit les effets du poison que plus tard, il éprouva un violent mal de tête, des vertiges, des étourdissements, il fut malade deux jours.

En 1844, M. V..., propriétaire à Versailles, entrant le matin dans la chambre de ses deux enfants, trouve le plus jeune, âgé de 8 ans, sur son lit, sans connaissance, la tête en dehors et reposant sur le sol, plus de mouvement, la peau froide. Le frère aîné, âgé de 10 ans, est pris seulement alors de vertige, il tombe et présente les mêmes symptômes. Ils avaient mangé des baies de sureau à grappe. Grâce à un traitement énergique, après quelques jours de souffrance, le danger avait disparu.

Il résulte des faits observés que ces plantes ne sont guère moins redoutables que les solanées et

10

que les ombellifères vireuses. Par analogie, on doit se méfier des autres caprifoliacées dont je vous ai cité les noms.

Vous avez rencontré par les champs des plantes dont la tige rompue laissait écouler un liquide laiteux d'une certaine consistance. Les fleurs sont comme formées de petits croissants d'un jaune verdâtre. C'est l'euphorbe réveille-matin, de la famille des *euphorbiacées*. Son nom lui vient de la coutume ancienne de certains campagnards qui se frottaient les paupières avec la plante, afin d'être sûrs d'être réveillés de bon matin. L'effet n'était que trop certain, car au bout de quelque temps, le suc laiteux déterminait des démangeaisons brûlantes qui, parfois, amenaient de l'inflammation, la bouffissure du visage, une fièvre avec délire et même la perte d'un œil. Ce sont des euphorbes encore qui ornent les serres de leurs belles fleurs d'un rouge écarlate, ou d'un rose vif au bout de leur tige épineuse. Il m'est plusieurs fois arrivé, en desséchant de ces plantes pour l'herbier, de ressentir un malaise général, avec défaillances de cœur.

C'est dans les euphorbiacées que se trouve le terrible mancenillier; il faut cependant bien un peu rabattre des récits des voyageurs, lesquels prétendent que le sommeil pris à l'ombre de cet arbre est mortel. Jacquin raconte que s'étant réfugié pendant un orage sous un mancenillier, il avait reçu sans inconvénient sur le corps l'eau de pluie qui dégouttait des feuilles et des branches de cet arbre.

Ricord a fait de nombreuses expériences qui doivent affaiblir la croyance à la vertu foudroyante du suc ou de la pomme de cet arbre.

Dans les *cucurbitacées*, le genre courge fournit à vos jardins ces plantes à végétation puissante et rapide donnant des fruits de formes étranges, ici en poire, là en turban, en serpent, en pomme, en bouteille. Toutes ces variétés ne sont point dangereuses; plusieurs sont alimentaires; d'autres, la coloquinte, par exemple, sont toxiques.

La bryone, navet du diable, croît communément en juin-juillet dans les buissons, les haies. Les baies, verdâtres d'abord, rougissent à leur maturité. La bryone est drastique au même degré que la coloquinte.

J'ai à peine cité quelques noms et déjà je crains d'avoir abusé de votre attention; je veux me borner, maintenant, à une simple énonciation, puis vous me permettrez de vous entretenir quelques instants des poisons indiens.

Je vous ai indiqué les familles de plantes dont vous deviez surtout vous défier, je n'ai point nommé le champignon; assez de tristes expériences vous invitent à une prudence extrême.

J'aurais dû vous citer encore les *papaveracées*, où se rangent les pavots

Défiez-vous aussi des narcisses, du muguet à clochettes, des impériales, des iris, des lis, du bois-gentil; l'odeur peut en être pernicieuse.

Quelquefois, Mademoiselle, il vous est arrivé de cueillir ces perruques naturelles qui succèdent aux fleurs d'une sorte de sumac. Oui, je vous vois, courant avec votre amie dans les allées sinueuses du jardin de votre mère; ces houppes de soie végétale vous ont suggéré une idée de coquetterie, vous en avez fabriqué une charmante coiffure. Oh ! je vous en prie, jetez vite cette parure dangereuse, laissez à l'avenir le rameau attaché au tronc. Thuillier nous raconte qu'une dame, dans une herborisation, ayant tenu à la main une branche de ce sumac fustet en fleurs, éprouva un engourdissement s'étendant jusque dans le bras qui, le lendemain, était couvert de pustules.

Faut-il encore vous prémunir contre un de nos plus charmants arbrisseaux? Il n'est que trop vrai, le laurier-rose est dangereux. Écoutez :

A Milianah, un officier en garnison fait dans sa chambre, avec du laurier-rose, une sorte d'alcôve

pour se préserver des moustiques. Il ne se réveilla
plus.

En 1809, nos troupes bivouaquaient devant Ma-
drid. Les soldats, étant allés à la maraude, rappor-
tèrent leur butin en viandes. Il s'agissait de les faire
cuire. Des baguettes de laurier-rose, dépouillées de
leur écorce, servirent de broche. Des douze soldats
qui mangèrent du rôti, sept moururent, les cinq
autres furent dangereusement malades.

Je m'arrête à ces deux faits.

Les ifs qui verdoient dans les massifs de vos jardins, les rhododendrons et les azalées, sont dangereux aussi; je rappellerai à votre mémoire ce
fait tout récent d'une famille momentanément em-
poisonnée avec du miel rapporté de Crimée par
un officier anglais et probablement fabriqué par
des abeilles qui avaient recueilli leur moisson sucrée
sur les fleurs d'arbrisseaux tels que ceux dont je
viens de vous donner les noms. Le médecin con-
stata que les phénomènes de ces empoisonnements
avaient de l'analogie avec ceux que produit l'ab-
sorption du *hatchis*.

Je suis amené à vous parler tout naturellement
de cette composition, qui est pour les Orientaux ce
qu'est l'opium pour les Chinois. Le hatchis se prépare avec les sommités du chanvre indien. On les

mélange au miel, au sucre; on en fait des pastilles, des grains, ou une pâte d'une consistance butyreuse.

Ses effets sont les suivants : compression de la tête, sensation particulière dans la colonne verté- brale, gaîté extrême et sans motif, rire bruyant, loquacité. Le sens de l'ouïe est très-exalté, un coup léger sur une vitre résonne comme le ton- nerre du canon ; la vue est également très-affectée; les objets se colorent diversement, ils se multiplient, ils s'éloignent, diminuent de grandeur. Employé par des peuples excessivement voluptueux, il n'est cependant pas complétement sans danger. D'après M. Moreau, qui a beaucoup expérimenté le hatchis et en a comparé les effets avec ceux de la folie, il n'y a aucun fait élémentaire ou constitutionnel de cette affection, que cette préparation ne puisse déve- lopper, depuis la plus simple excitation maniaque jusqu'au délire le plus furieux.

Les poisons indiens sont les poisons extraits de l'*upas*. Les poisons américains sont le *curare*, le *ticunas* et le *worara*, d'autant plus terribles qu'on ne connaît pas de traitement à leur opposer.

L'upas provient soit de l'antiaris, grand arbre, de la famille des arbres à pain, soit de la liane Strychnos.

Une petite poule d'eau, piquée à la cuisse avec

une flèche trempée dans l'upas, a succombé en trois
minutes ; six gouttes versées dans la plaie faite à
la cuisse d'un chien l'ont tué en dix minutes, de
même pour des chevaux. Un cheval, dans les veines
jugulaires duquel on en a introduit 8 grammes, a
succombé en une minute et demie.

Les poisons américains proviennent de suc de
lianes, épaissi. Le curare de Rio Negro colore
l'eau en rose, les sauvages le portent sous l'ongle
du petit doigt. Les porcs périssent en dix à douze
minutes ; les plus gros oiseaux en deux à trois
minutes.

Un oiseau blessé avec une flèche imprégnée de
ticunas depuis un an a succombé en sept minutes.

Grâce à Dieu, nos plantes d'Europe ne sont pas
douées d'actions aussi foudroyantes ; néanmoins, ce
que je vous en ai dit doit vous inspirer une salutaire défiance. Des familles entières, il est vrai, ne
présentent pas de danger ; ainsi les *légumineuses*
papillonnacées, le pois, sont alimentaires; les *labiées*
aromatiques, la sauge, fortifiantes ; les *crucifères*,
le cresson, excitantes, antiseptiques ; les *malvacées*,
la mauve, émollientes. Généralement les plantes
d'une même famille ont une analogie de propriétés
comme de formes ; cette règle souffre des exceptions. Dans les ombellifères, par exemple, la

carotte, le panais, le céleri sont alimentaires ; la ciguë est vénéneuse ; dans les solanées, la pomme de terre est voisine des morelles; l'amère coloquinte se trouve, dans les cucurbitacées, à côté du melon délicieux.

Les études de l'homme lui ont souvent fait trouver la vie là où naturellement il ne devait rencontrer que des principes de mort. Bien des végétaux dangereux ont été transformés en médicaments salutaires, les alcaloïdes si actifs, la strychnine et la brucine des poisons indiens se retrouvent dans la noix vomique dont la médecine a su atténuer les qualités toxiques pour les convertir en agents thérapeutiques d'une grande efficacité contre les paralysies qui frappent les muscles vivifiés par les nerfs de la moëlle épinière.

Tous vous savez l'emploi médical de l'opium, de la digitale, de la belladone et de cent autres.

Vous me demanderez peut-être quels sont les moyens curatifs dans les divers empoisonnements dont je vous ai entretenus. Je vous dois cette satisfaction, dites-vous, après avoir dépoétisé les fleurs, les sœurs aimées des femmes et des enfants.

Cette étude serait extrêmement longue à cause des nombreuses différences qui existent entre l'action des divers poisons. C'est d'ailleurs l'œuvre des hommes spéciaux et je n'ai point la mission de traiter cette matière en professeur.

J'ai voulu, Mesdames, vous prémunir contre les dangers que l'inexpérience peut faire naître sous les pas de vos enfants. Ne les abandonnez jamais au milieu de vos parterres, un moment d'oubli peut être la source de longs regrets. Je ne vous dirai point : Bannissez de vos jardins toutes les plantes dangereuses. Dieu ne les a point faites pour qu'elles aillent dans les solitudes développer leurs brillantes corolles et leurs nectaires embaumés, sa main les a semées pour récréer votre vue, pour être l'une des plus charmantes décorations de cette toile magique tracée de sa main et dans laquelle il a placé l'homme comme le roi de la création.

Gardez vos plantes, allez leur donner vos soins de chaque jour, l'abri salutaire quand le soleil les brûle de ses ardeurs ; la goutte d'eau que réclament leurs feuilles penchées, lorsque la voûte du ciel demeure fermée. Mais empêchez vos chers petits anges de se laisser séduire par un coloris éclatant, par un fruit sucré. Et pour vous-mêmes, si vous détachez par hasard une rose du buisson, souvenez-vous que la fleur n'est nulle part aussi belle que sur la tige où elle est née et que sous la corolle embaumée se cache l'épine aux douleurs cuisantes.

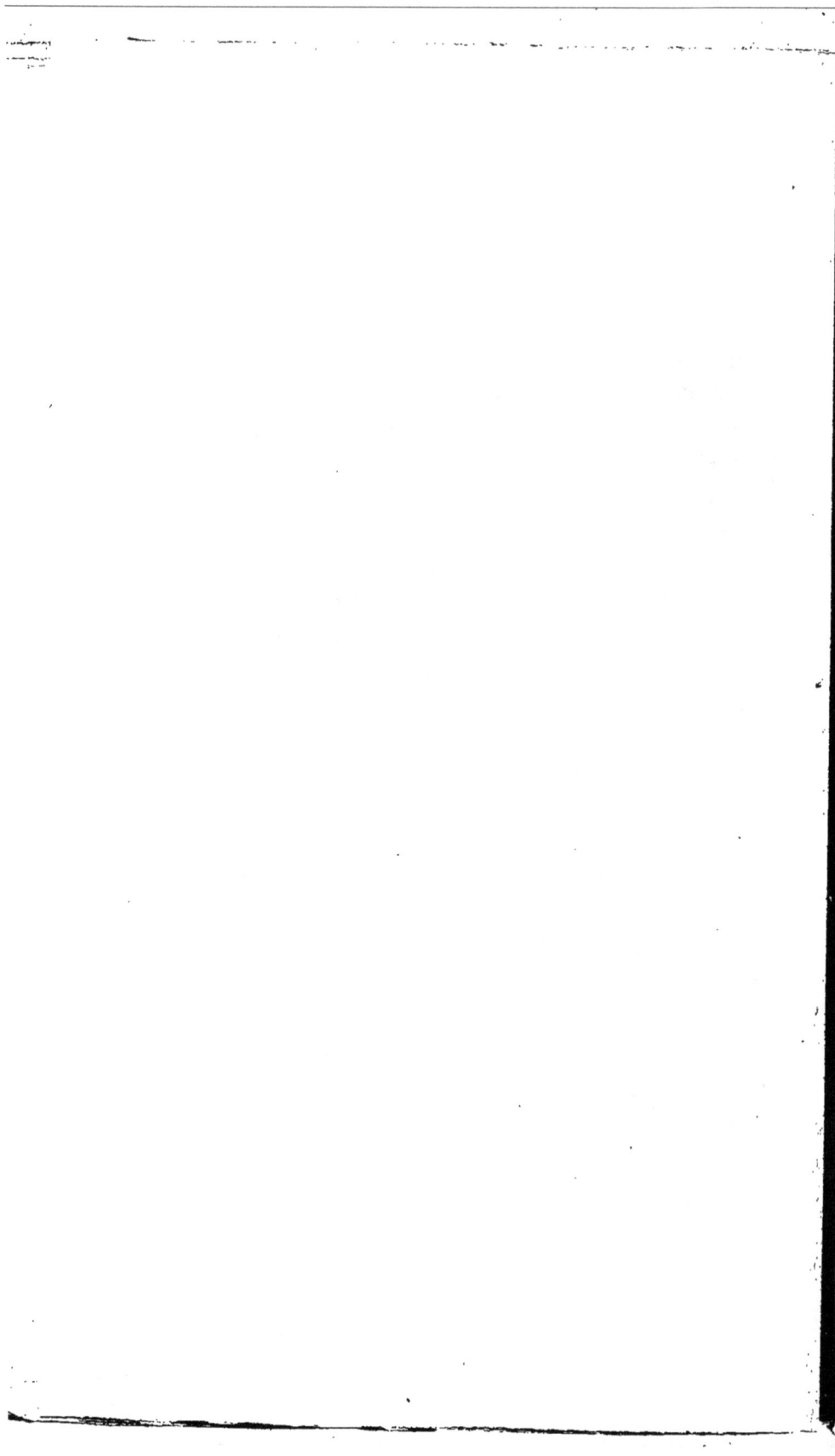

LES

PLANTES DES EAUX

LES ALGUES, LES NYMPHÉACÉES,

LES ROSEAUX

MESDAMES, MESSIEURS,

Dieu dit alors : « Que la terre produise de l'herbe
« verte qui porte de la graine et des arbres frui-
« tiers qui portent des fruits, chacun selon son es-
« pèce. » A la voix du Tout-Puissant, les végétaux
parurent avec les organes propres à recueillir les
bénédictions du ciel. L'orme s'éleva sur les mon-
tagues qui bordent le Tanaïs, chargé de feuilles en
forme de langues; le buis touffu sortit de la croupe
des Alpes et le câprier épineux des rochers de
l'Afrique, avec leurs feuilles creusées en cuillers.
Les pins des monts sablonneux de la Norwége

recueillirent les vapeurs qui flottaient dans l'air, avec leurs folioles disposées en pinceaux; les verbascum étalèrent leurs larges feuilles sur les sables arides, et la fougère présenta sur les collines son feuillage en éventail aux vents pluvieux et horizontaux. Une multitude d'autres plantes, du sein des rochers, des cailloux et de la croûte même des marbres, reçurent les eaux des pluies dans des cornets, des sabots et des burettes. Depuis le cèdre du Liban jusqu'à la violette qui borde les bocages, il n'y en eut aucune qui ne tendît sa large coupe ou sa petite tasse, suivant ses besoins ou son poste. »

Ces lignes que j'emprunte à Bernardin de Saint-Pierre, l'amour enthousiaste de la nature, ouvrent dans ses études les pages qu'il consacre aux harmonies des plantes. M'égarant à sa suite dans le poétique sentier qu'il m'indique du doigt, je voudrais vous redire quelques-unes de ces rêveries attrayantes; mais je ne puis ainsi m'arrêter à toutes les fleurs de la route, et, pour obéir à mon programme, autant que me le permet le temps, j'ai à vous entretenir aujourd'hui des familles de plantes qui croissent plus spécialement dans les eaux; j'espère y trouver assez de détails intéressants pour obtenir de vous la continuation de cette bienveillante attention que vous avez bien voulu jusqu'ici m'accorder.

C'est dans les plantes qui tirent des eaux leur essence vitale que nous allons trouver les *oscillaires* et les *nostocs*, productions singulières écloses sur la frontière du royaume, comme dit M. Le Maout, croûtes vertes et rougeâtres, filaments entourés d'une enveloppe muqueuse et feutrés par leurs bases, composés de cellules tubuleuses emboîtant l'une dans l'autre, exécutant des oscillations conti- nues. Leur extrémité libre se meut librement, se balance d'avant en arrière, ou décrit des ondu- lations variées. Sont-ce des plantes, sont-ce des animaux? Science, tu es bien peu de chose en pré- sence du plus simple mystère.

A côté des oscillaires, des nostocs qui croissent dans les gazons humides, voici la famille des *algues* ou varecs qui nagent au milieu des mers, s'attachent aux pilotis des estacades ou contre les pierres des digues. Vous vous rappelez sans doute ces plantes vésiculeuses que la vague balance dans son ressac; toutes, Mesdames, vous connaissez la zostère dont la feuille plate, flexible, sert à remplir les matelas des berceaux de vos enfants.

Et ne dédaignez pas ces plantes parce qu'elles n'ont pas de fleurs apparentes, qu'elles vous pa-

11

raissent bien humbles dans leurs proportions. Elles
ont dans leurs frondes des couleurs éclatantes, leur
fructification est bizarre et des plus jolies. Rien
n'est agréable comme un herbier d'algues. Et quant
à leur taille, il en est qui surpassent dans des proportions démesurées celle des plus grands arbres
des îles de l'Océanie. Certains varecs ont jusqu'à
cinq cents mètres; les habitants de la Nouvelle-
Hollande se servent du cuir épais du fucus des bu-
veurs comme d'un seau pour puiser de l'eau. Aux
pôles, on se nourrit de fucus, on se chauffe de
fucus.

Sur les côtes de l'Océan indien on rencontre
de gigantesques débris de l'algue la trompette de
Neptune. Jamais on n'en a eu d'entière. Elle pousse
à des profondeurs inconnues. Comme le pouce
à son origine, elle s'évase et se développe jusqu'à
la grosseur d'un arbre ordinaire, et au pavillon de
ce buccin des tritons s'épanouit une couronne de
feuilles de plus d'un mètre de long.

Un autre fucus que l'on nomme le baudrier de
Neptune, croît au fond de la mer où il s'accroche
par des crampons rameux et se couvre de feuilles
de deux mètres de long sur quinze centimètres de
large. Lorsqu'on l'a lavé à l'eau douce, il se forme
après dessication une efflorescence blanchâtre, su-

crée, que l'on cristallise. Beaucoup d'autres jouissent de cette propriété.

C'était de l'algue digitée que se servaient, comme d'un fouet, les sorcières d'Islande, de Norwége ou d'Ecosse, pour exciter les chevaux marins qu'elles montaient lorsqu'elles parcouraient la surface de ces mers orageuses.

Voici le fucus nageant, formant à la surface des eaux des tapis flottants si épais, d'une si vaste étendue, qu'ils trompent l'œil du matelot inexpérimenté et présentent à ses regards dans le lointain comme des îles fertiles en pâturages. Le navire qui les traverse semble se promener au milieu d'une belle prairie, sa marche en est ralentie à tel point qu'il a fallu quelquefois, surtout avec un vent faible, s'ouvrir un passage à l'aide d'un instrument tranchant.

« Les vagues mugissantes, dit le docteur Hoefer, sont apaisées et comprimées sous cette masse de verdure, spectacle non sans intérêt pour des hommes dont la vue n'a été pendant longtemps frappée que par des flots roulant les uns sur les autres, et pouvant enfin se reposer un instant sur une plaine verdoyante, image de celles qu'ils ont quittées. »

Aristote parle de la mer herbeuse des naviga-
teurs phéniciens. Christophe Colomb, s'en allant à
la découverte de l'Amérique, entra dans ces prairies marines. Ses compagnons effrayés considéraient
avec stupeur cette plante élégante dont les feuilles
sont en forme de fer à dentelures bordées de soies
et couvertes de globules aérifères qui la soutiennent
à la surface des eaux.

C'est encore un fucus que mangent les hiron-
delles qui en bâtissent ensuite leurs nids, nommés
nids de salanganes, si renommés... pour les amateurs de mets extraordinaires! La plante subit,
par le suc gastrique des oiseaux, une transformation
analogue à celle que produirait une ébullition longtemps continuée; le fucus est devenu matière géla-
tineuse.

Le fucus-cordon habite l'Océan indien. De la
grosseur d'une corde à violon, il en a la souplesse
et la résistance.

J'ai dit que les algues avaient des couleurs charmantes, je devrais ajouter que généralement ces
couleurs se développent lorsque les plantes sont
mises en herbier, desséchées, privées de vie et
placées en contact avec l'air atmosphérique. En
outre leurs formes sont délicates, à découpures
profondes, à bords gaufrés et bouillonnés.

Les plantes de nos rivières et de nos marais ne vous présenteront pas des prodiges semblables de végétation puissante, en revanche, elles vous offrent des fleurs généralement délicates et de formes particulières.

Dans les *alismacées*, le butôme à ombelles ou jonc fleuri enlace les rubans de ses feuilles dans les fers de la flèche d'eau et les barques des feuilles du plantain d'eau. Ces trois plantes ont été placées sur les bords de la flaque dont on a gratifié le jardin de l'Esplanade, que je ne puis me résoudre à appeler un jardin botanique.

La fleur du butôme est en rose pâle ce qu'est en bleu la tubéreuse agapanthe. Pauvre fleur dédaignée, le butôme est demeuré pour orner les rives de nos fossés, tandis qu'à l'agapanthe on a donné la place d'honneur aux jardins. C'est qu'il y a pour cette dernière l'heureuse chance d'être une étrangère. Même injustice pour leurs noms; celui du butôme signifie: je blesse les bœufs, celui de l'agapanthe veut dire : je chéris.

La flèche d'eau élève majestueusement ses grosses tiges rondes sur lesquelles s'étage en verticilles l'épi de ses fleurs d'un blanc pur, à trois-pétales.

Parmi les divinités mythologiques, les unes habitaient aux forêts, les autres sous le cristal des

eaux; ces dernières étaient les Naïades. Les botanistes, qui sont bien un peu païens, ont peuplé les
fontaines et les rivières de *naïadées* ou *nayadacées*.
Il n'y a parmi elles aucune plante qui attire votre
attention, les fleurs sont de couleur verdâtre, les
feuilles dans le genre de celles que l'on nomme
vulgairement des roseaux.

Les *hydrocharidées* justifient bien leur dénomination : grâces des eaux. C'est d'abord le mors de
grenouille, nénuphar en petit, étalant sur l'eau ses
feuilles en disque. Ses fleurs blanches présentent
un phénomène assez intéressant : ouvertes pendant
le jour, aux rayons du soleil, elles se ferment aux
approches de la nuit et rentrent dans l'eau d'où
elles ne sortent que lorsque l'aurore leur a annoncé
le retour de la lumière. Vous les trouverez aux
fossés de la Citadelle.

Dieu est admirable jusqu'en ses moindres œuvres,
les merveilles de ses mains confondent nos esprits.
Voyez s'il est rien de plus charmant que l'histoire
de la vallisnerie, plante du Rhône et qui croît si
abondamment dans quelques rivières d'Italie, dit
Bosc, qu'on est obligé de l'arracher avec de grands
rateaux pour l'empêcher d'obstruer la navigation.

Vous vous rappelez que je vous ai dit : Dans la
fleur se trouvent des mâles et des femelles, les éta-

mines et les pistils. Le plus souvent réunis, ces organes de la floraison sont quelquefois séparés, et sur deux fleurs différentes. C'est ce qui arrive pour la vallisnerie. Or, comment viendra pour ces plantes le moment marqué par le Créateur pour le phénomène qui doit assurer la conservation de l'espèce par la fructification de la plante.

Voici l'heure où la floraison va commencer, la fleur garnie de pistils, la fleur femelle, se déroule sur son pédoncule en spirale et vient épanouir à la surface du fleuve sa corolle. L'eau baisse, la spirale se raccourcit; l'eau monte, la spirale s'allonge. Étrange spectacle! les fleurs à étamines, les mâles, non pourvues de spirale, ont rompu la tige qui les retenait au fond du fleuve et viennent flotter à la surface. On dirait d'une nymphe pleine de grâce et de légèreté, effleurant de son pied l'onde mouvante, tandis que s'empressent autour d'elle ses adorateurs jaloux de faire agréer leurs hommages. L'hymen des fleurs terminé, les mâles errent à l'aventure, se flétrissent et meurent. La fleur femelle redescend dans son humide demeure, mûrit ses graines et les dépose sur le lit du fleuve.

Deux pieds de vallisnerie ont été mis cette année au jardin de l'Esplanade.

Au rapport de Bernardin de Saint-Pierre : « Cette plante nous présente encore un autre phénomène. Si on la déracine, dit-il, et qu'on la mette sur un grand vase plein d'eau, on aperçoit à la base de ses feuilles des masses d'une gelée bleuâtre, qui s'allonge insensiblement en pyramides d'un beau rouge. Bientôt ces pyramides se sillonnent de cannelures qui se détachent de leur sommet, se renversent tout autour et présentent, par leur épanouissement, de très-jolies fleurs formées de rayons pourpres, jaunes et bleus. Peu à peu chacune de ces fleurs sort de la cavité où elle est contenue en partie et s'écarte à quelque distance de la plante, en y restant cependant attachée par un filet. On voit alors chacun des rayons dont ces fleurs sont composées se mouvoir d'un mouvement particulier qui communique un mouvement circulaire à l'eau, et précipite au centre de chacune d'elles tous les petits corps qui nagent aux environs. Si on trouble par quelque secousse ces développements merveilleux, sur le champ chaque filet se retire, tous les rayons se ferment et toutes les pyramides rentrent dans leurs cavités, car ces prétendues fleurs sont des polypes. »

Plus brillante encore nous apparaît la famille des *nymphéacées*, qui emprunte son nom au nymphéa,

genre auquel appartient le nénuphar. Je me rappellerai toujours l'impression qu'enfant je ressentis
la première fois que je vis des nénuphars. J'allais à
la cueillette des mactres ou châtaignes d'eau. C'était
un double plaisir, une partie d'eau, c'est-à-dire une
de ces parties que la prudence maternelle ne m'accordait qu'à de rares fêtes, puis l'étude des fleurs
par les fruits. J'avoue mon faible, j'aime à cueillir
moi-même l'airelle violacée, la fraise au parfum
pénétrant, la mérise pourpre, l'alise jaunissante,
la faîne triangulaire, la nèfle vineuse ou la chataigne
au manteau épineux.

Je cheminais le long de la prairie que fermaient
des tourniquets, devançant mon professeur de botanique, quand tout à coup je m'arrête. Un étang
immense était en vue. A sa surface paraissaient nager des troupes de canards aux ailes verdâtres, au
ventre blanc. Oh! les beaux oiseaux! m'écriai-je.
Mon professeur sourit, nous avançons. Mes beaux
oiseaux étaient des nénuphars dont le vent soule-
vait les larges feuilles en découvrant et cachant
alternativement les corolles aux nombreux pétales
d'un blanc pur, à centre jaune, des anthères ou
étamines.

Quoi de plus ravissant qu'un *aquarium* dans
lequel fleuriraient le nénuphar jaune, le nénuphar

blanc, le nénuphar bleu, le nénuphar rose, confon-
dant l'azur, l'or, l'argent, le carmin, de leurs
pétales.

Essayons de nous donner un petit air d'érudition
au moyen de cette plante. Et d'abord son nom
nous vient des Arabes qui l'appellent *nihofar*, les
Grecs le nommaient *nymphæa*, nymphe, ou *héra-
clion*, parce qu'ils racontaient qu'une nymphe jalouse d'Hercule mourut de sa passion fatale et fut
changée en nénuphar. Athénée rapporte que l'on
faisait à Alexandrie deux sortes de couronnes, nommées les unes *lotines* et formées des fleurs du lotus
ou nymphæa à fleurs bleues; les autres *antinoïennes*,
composées de fleurs de nymphæa rose. Le même
auteur raconte que ce fut un poëte qui présenta
à l'empereur Adrien, pendant son séjour à Alexandrie, un lotus rose, comme un objet merveilleux,
et dit qu'il fallait appeler antinoïen ce lotus né de
la terre arrosée du sang d'un lion terrible. Le lion
dont il est question avait ravagé une partie de la·
Lybie et avait fini par succomber dans une chasse
dirigée par l'empereur Adrien.

Les anciens Egyptiens ayant remarqué cette propriété du nymphæa qui lui est commune avec le
mors de grenouilles, d'ouvrir ses fleurs en même
temps que le soleil paraît sur l'horizon et de les

fermer quand cet astre quitte nos cieux, s'étaient imaginé qu'entre la plante et l'astre existaient des rapports mystérieux; ils consacrèrent le nymphæa en en faisant la coiffure du dieu du jour, comme aussi celle des rois. Harpocrate est représenté sur les monuments égyptiens au-dessus d'une fleur ou du fruit du lotus rose.

Le nénuphar blanc est un véritable thermomètre, ses feuilles commencent à sortir du collet de la racine dès les premiers jours de l'automne, mais elles ne se déroulent et s'agrandissent qu'avec le retour de la belle saison, s'allongeant à mesure que la température s'échauffe, s'arrêtant si la température baisse, n'apparaissant au-dessus de l'eau que lorsque les gelées sont entièrement passées, aussi les jardiniers consultent-ils cette plante pour sortir les arbustes de l'orangerie.

Plus récemment, les jardins de luxe se sont enrichis d'une plante la plus belle, la plus grande, que nous vîmes l'an dernier à Paris à l'exposition d'horticulture, je veux parler du *Victoria regia*, dédié à la reine d'Angleterre.

« Elle habite, dit le docteur Le Maout, les eaux tranquilles des lacs peu profonds formés par l'élargissement des grands fleuves de l'Amérique méri-

dionale. Les feuilles ont de 5 à 6 mètres de circonférence, assez fortes pour supporter le poids
d'un enfant, vertes au-dessus, cramoisies par dessous. Les fleurs, de 1 mètre à 1 mètre 35 de
circonférence, se composent d'une centaine de pétales, d'abord d'un blanc pur et passant en vingt-
quatre heures par des nuances successives d'un
rose tendre à un rouge vif. Elles exhalent une
odeur agréable pendant la première journée de l'é-
panouissement; à la fin du troisième jour la fleur
se flétrit et se replonge sous les eaux pour mûrir
ses graines. Le fruit à sa maturité offre le volume
de la tête d'un enfant, il est comestible. »

La victoria fut découverte par le célèbre Haenke
qui voguait en pirogue sur le Rio-Mamoré, affluent
de l'Amazone, en compagnie du père Lacueva, mis-
sionnaire espagnol. Le botaniste, avec cette ardeur
qui caractérise tous ceux qui, s'étant occupés de
l'étude des œuvres de Dieu uniquement, ont conservé leurs qualités natives, Haenke se précipita à
genoux et adora le Créateur. Son compagnon dut
être bien touché de ce *Te Deum* spontané.

M. Bridges, suivant à cheval les rives boisées du
Yacouma, rive du Mamoré, arriva devant un lac
enclavé dans la forêt et tout peuplé de victorias.

Entraîné par son admiration, il allait se précipiter
à la nage pour cueillir des fleurs, lorsque les
Indiens l'avertirent que ces eaux abondaient en
alligators. Rendu plus prudent, Bridges courut à
Santa-Anna où le corrégidor lui fournit un canot
pour se rendre au lac où se trouvaient les trésors,
objet de son ambition. Les feuilles étaient si énormes
qu'il ne put en placer que deux dans le canot, et
il fut obligé de faire plusieurs voyages pour compléter sa récolte. Ce fut lui qui rapporta les graines
qui ont introduit en Europe cette plante superbe.

Après la beauté dans la grandeur, laissez-moi
vous parler de la grâce dans des fleurs moins gigantesques. Il y a quatre ou cinq ans, je remontais en
batelet l'Arbonnoise à la hauteur du bois d'Esquermes. Mes yeux furetaient pour découvrir les richesses botaniques de ces lieux, lorsque je vis dans
une prairie à ma droite une feuille à trois divisions,
dont le vert gai luisait au milieu des joncs. J'ai
reconnu le trèfle d'eau, le bateau est à la rive, je
saute à terre, bravant le garde-champêtre s'il
existe aux environs, et je fourrage les trèfles. Vous
ne connaissez rien de délicat comme cette fleur.
Ce petit chef-d'œuvre de beauté représente assez
un épi de jacinthe à fleurs simples, la corolle a cinq
divisions, elle est d'un blanc de neige, teinte avant

l'entier développement de rose à l'extérieur, garnie
sur les parois intérieures d'une touffe de filaments
d'une grande délicatesse et d'une blancheur éblouissante. Au milieu de cette étincelante parure se montrent cinq anthères d'un brun jaunâtre.

Le trèfle d'eau appartient aux *gentianées* qui
nous fournissent encore diverses variétés de gen-
tianes du plus charmant effet.

Avant de quitter la rive, cueillez quelques-unes
de ces larges fleurs jaunes de l'iris croissant du
milieu de la touffe de feuilles semblables à des sabres.
C'est une modeste variété du genre dont Pline disait : L'iris en fleurissant revêt mille teintes comme
l'arc-en-ciel qui lui a donné son nom.

L'iris germanique avec ses fleurs où le pourpre
bleuâtre, le violet et le cramoisi se disputent d'éclat,
l'iris naine, croissent aux lieux incultes, aux vieux
murs, aux toits de chaume. Il semble que la nature, ou plutôt son auteur, ait voulu masquer par
une de ses plus brillantes productions les signes
extérieurs de l'indigence, qu'elle ait voulu couvrir
de fleurs l'habitation du pauvre. En quittant son
berceau pour passer dans nos jardins, l'iris n'est
restée qu'une belle fleur, elle a perdu sa poésie.

La famille des roseaux, les *arundinées*, est tout
humble, toute modeste, et cependant elle aurait

beau jeu à demander ses quelques lignes de réclame dans ce travail sommaire. Le roseau servit à fabriquer les pipeaux rustiques, la flûte de Pan à sept tuyaux, dont l'invention se perd dans la plus haute antiquité. Ce fut aux roseaux que le barbier de Mydas conta l'aventure étrange de son royal client. Moïse fut exposé dans les roseaux du Nil. L'indiscret Syrinx fut changé en roseau babillard. Horace dit en parlant des vieillards qui s'amusent à des jeux d'enfants : Ils vont à cheval sur un roseau. Virgile chante les louanges de Varus sur un chalumeau. Ailleurs le roseau est la flèche légère qui fend l'air avec le plus de rapidité.

Dans l'Écriture, l'ami léger est comparé au roseau qui, en se brisant, perce la main de l'imprudent qui s'appuyait dessus.

Le bambou est un roseau qui sert aux constructions dans l'Inde; en France, il est porté par les élégants sous le nom de *stick*, et donne lieu de faire entre sa tige droite et les jambes arquées des fashionables des comparaisons où le règne animal n'a pas toujours l'avantage.

Je passe sous silence bien des plantes curieuses à plus d'un titre; je termine les plantes des eaux en vous faisant connaître les particularités qui distinguent les *utriculariées*.

Le genre utriculaire qui en est le type est intéressant par ses fleurs qui flottent à la surface de
l'eau, et par ses feuilles entièrement plongées dans
l'eau, divisées en filaments rameux très-menus,
chargés de nombreuses vésicules. Celles-ci sont
composées d'une membrane transparente, élastique
et cornée, ayant une ouverture munie d'une sou-
pape qui ne peut s'ouvrir qu'en dehors avant le
temps de la floraison. Ces vésicules sont remplies
d'eau, mais lorsque la fleur se prépare à paraître,
il se fait dans la plante une décomposition de l'air
qui chasse l'eau des vésicules de façon que deve-
nues plus légères elles servent à élever le pédoncule à la surface, afin que la fleur puisse se développer en plein air, mais dès que la floraison est
achevée et que les graines sont parvenues à leur
maturité, l'air fait à son tour place à l'eau dans les
vésicules et la plante alourdie retombe au fond pour
répandre ses graines sur la vase.

Que de merveilles, Mesdames, dans cette étude
sans cesse nouvelle de la nature, comme tout y
a sa raison d'être, son but, ses harmonies; et quelle
joie pour celui qui découvre une de ces règles en
soulevant un coin du voile!

LES PLANTES FABULEUSES

LES PLANTES CURIEUSES

LES TULIPOMANES

—⟨◇⟩—

MESDAMES, MESSIEURS,

Déjà, je vous ai raconté bien des merveilles
dans le règne végétal où Dieu se montre aussi
admirable dans l'humble hyssope que dans le
cèdre superbe.

Non content de ces prodiges, l'homme a voulu,
comme si cela était possible! compléter l'œuvre de
Dieu, chercher dans les plantes la réalisation de
rêves étranges. Alors il est entré dans la fable et il
y a marché à grands pas.

Si je ne vous citais des noms, vous pourriez me
taxer d'exagération, m'accuser de vous donner pour

des faits les visions d'un halluciné; — je ne crains pas ces reproches.

Voyons donc comment déraisonnèrent ces beaux esprits.

Les Hébreux à l'imagination crédule avaient créé des fleurs impossibles et dont les phénomènes flattaient leur goût pour le merveilleux. Je citerai le *baaras* dont parle l'historien Josephe. Selon cet auteur cette plante a la forme d'un cierge, elle s'allume spontanément la nuit et brûle avec une flamme rougeâtre, sans cependant se consumer; elle s'éteint aux premiers rayons du jour. Le baaras exhale une forte odeur de bitume, ce qui indique son origine démoniaque. Où croît donc cette plante merveilleuse? Dans les roches inaccessibles du Liban. Ce qui me plaît dans ce conte c'est le mot inaccessibles. Moyen commode de dire aux incrédules : Allez-y voir.

Josephe n'avait du reste eu que peu de frais d'imagination à faire. Voici ce que croyaient les Grecs. Écoutons Élien, liv. XIV, ch. xxvii : Le *cynopaste* est une herbe nommée par d'autres *aglaophotis*. Pendant le jour on ne la distingue point des autres, on ne la reconnaît en aucune façon. Mais le soir, elle brille comme une étoile, et son éclat igné la fait facilement trouver. Ceux qui la recherchent mettent au pied un signe de reconnaissance, sans lequel, pendant le jour, ils ne pourraient en déterminer la couleur ou l'espèce. Quand la nuit est terminée, ils reviennent, retrouvent leur plante, mais se gardent bien de l'arracher ou même de creuser à l'entour. On dit que celui-là meurt qui, en ignorant la nature, ose y toucher le premier. Ils amènent donc un jeune chien, tenu à jeun depuis vingt-quatre heures, ils l'attachent à une corde dont l'autre extrémité est solidement nouée au bas de la tige de l'herbe, puis ils offrent au quadrupède, en s'éloignant à distance, des viandes cuites. Le chien, sollicité par l'odeur, se jette en avant et enlève la plante avec ses racines. Aussitôt que ces dernières voient le jour, le chien meurt. On lui fait des funérailles avec cérémonies, puisqu'il est mort pour l'utilité publique. Alors, seulement, les hommes osent prendre l'herbe et l'emporter. Son usage est merveilleux en diverses maladies.

Il ne faut pas trop rire des Hébreux ni des Grecs; en 1774, ne croyait-on pas encore, au témoignage de Valmont de Bomare, qu'une sorte d'aloès ne fleurissait que tous les cent ans et s'épanouissait avec un bruit semblable à la détonation d'une arme à feu.

Nombreux sont encore de nos jours ceux qui ont conservé cette croyance, et le coup de canon, disent ces personnes, qui suit l'éclosion de la fleur, est

le signal de sa mort. C'est là un trépas qui fait du
bruit dans le monde.

Ne vous étonnez pas d'ailleurs, et si nous n'avons
plus le fameux *moly* avec lequel Circé changea en
bêtes les compagnons du roi d'Ithaque, on parle
encore et fort sérieusement de l'*achémys*, fleur inconnue de nos jours, il est vrai, qui faisait fuir
invinciblement ceux qui marchaient dessus; on parle
de l'*angrec écrit* dont les fleurs disposées en épi
représentent en rouge sur le jaune des pétales une
inscription souveraine pour la colique, — j'ignore si
le mal de dents lui cède également, — le tout est de
savoir lire la formule.

En voici bien d'une autre. Les philosophes
hermétiques, c'est-à-dire qui s'occupaient des
sciences occultes, ont écrit longuement touchant
une herbe qui corrodait le fer. Cette plante merveilleuse croissait en des lieux inconnus des hommes mais non pas du pivert, et pour s'en procurer
les philosophes avaient un moyen fort ingénieux :

Il faut d'abord chercher un arbre où un pivert
ait creusé son nid; ce point une fois obtenu, on
guette la sortie de l'oiseau et pendant son absence
on bouche le trou avec une planchette fixée au
moyen d'un long clou. Qui est bien attrapé? C'est le
pivert. Il semble réfléchir dans sa tête d'oiseau et

puis il s'en va à tire d'aile du côté de l'orient. Vers le soir, il revient avec un brin d'herbe qu'il dépose sur la tête du clou entre la planchette et l'arbre : au bout d'un quart-d'heure le tour est fait, le clou est dissous, la planchette tombe, l'oiseau rentre au nid et les adeptes du grand œuvre ramassent le brin d'herbe.

Pline, le plus avide de fables, nous rapporte des choses merveilleuses sur le *charitoblépharon*. Il sent, dit-il, quand on veut le prendre, il se durcit alors comme de la corne et émousse le tranchant du fer; mais s'il est coupé avant d'avoir senti le danger, il se métamorphose en pierre.

Ailleurs, le pays de Chera possède un *syagre* (sorte de palmier). On nous a raconté sur cette dernière espèce un fait merveilleux, c'est qu'il meurt et renaît de lui-même en même temps que le phénix qui, à cause de cette particularité, a tiré son nom de ce palmier. (Le palmier en grec se nommait *phœnix*.)

Quand on a une crédulité de moyen ordre, il faut s'en tenir là; quiconque se sent un appétit plus vorace n'a qu'à écouter Scaliger.

Selon lui, rien n'est comparable au *boramets* ou agneau de Scythie, agneau de Tartarie, dit M. Debay. Cette plante s'élève à trois pieds de hauteur, elle a de plus quatre pieds comme un quadrupède, des oreilles, des ongles et une tête. Je m'expliquerais difficilement les oreilles sans tête. Par exemple, il lui manque des cornes, lesquelles sont remplacées par une touffe de poils; le tout est recouvert d'une peau légère dont les Tartares font des bonnets. La pulpe de cette plante ressemble à de la chair d'écrevisse selon les uns, selon les autres elle a la consistance, l'odeur et la saveur de la viande d'agneau bouillie. Le couteau qui l'entame fait jaillir un sang vif comme celui des artères des animaux.

Kempfer, voyageant en Tartarie, a cherché en vain le boramets. M. Hans-Sloane n'a trouvé en fait d'agneau tartare qu'une plante velue comme cela se rencontre plus d'une fois. Et néanmoins un naturaliste du siècle dernier a écrit presque un volume sur cette plante qu'il a vue, touchée...

N'oublions pas que vers ces lieux était située l'antique Colchide, célèbre par la toison d'or qu'allèrent ravir les Argonautes, et si au XVIIIe siècle on ne vous parle plus que d'une simple toison de laine, c'est que les temps ont changé, à l'âge d'or a fait place l'âge des marchands, auquel succède l'âge des filateurs; la toison d'or aujourd'hui se conquiert à la Bourse.

Assez de fables comme cela, la nature nous présente nombre de rares merveilles et nous n'avons pas besoin d'en augmenter le chiffre.

Dans les prés montueux croissent les orchis et les ophrys, fleurs étranges qui simulent à merveille une abeille, une guêpe, une araignée, un homme pendu, un singe, une barbe de bouc avec son odeur hyrcine. Je me rappelle avoir été pris plus d'une fois et ne m'être approché qu'avec défiance de ces insectes ailés dont je redoutais l'aiguillon. Mais au lieu d'enrichir mon liége d'entomologiste, je recueillais une plante nouvelle pour mon herbier. Voilà qui répond à l'agneau tartare.

Faut-il opposer une vérité à la fable de l'aloès détonnant ? Voici le *caladium* dont les feuilles observées à la loupe offrent un petit tube ou canon qui, étant chauffé par un rayon solaire, lance à coups intermittents et avec de petits crépitements des aiguilles microscopiques d'un blanc diaphane. A chaque décharge le tube éprouve un mouvement de recul comme une pièce d'artillerie. Le phénomène se reproduit avec une feuille arrachée à sa tige, desséchée dans un herbier depuis plusieurs années; il suffit de l'immerger dans l'eau chaude.

Il n'y a pas plus de vingt jours que je voyais dans une serre à Esquermes une plante dont le nom m'échappe maintenant. On l'arrose et bientôt il se

forme sur toute la surface des petites boules qui
éclatent avec un bruit très-léger et un mince nuage.
Quelle est la combinaison de gaz qui se forme ainsi?
Le propriétaire l'a nommée *Siége de Sébastopol*.
Ce nom en vaut bien un autre.

Point de baaras qui s'enflamme seul et brûle sans
se consumer; mais bien la *capucine* et sa phospho-
rescence électrique en temps d'orage; la *fraxinelle
dictamne* de laquelle on approche une allumette et
qui resplendit comme un météore passager, sans
que la plante soit le moins du monde attaquée.
C'est le résultat de l'inflammation d'un gaz très-
subtil qui s'échappe de la plante. Ce gaz trahit
encore sa présence par l'odeur très-aromatique des
fleurs et surtout des graines et de leurs capsules.

Voulez-vous voir encore des catapultes, des ba-
listes végétales? C'est l'*œnothère*, grande fleur jaune
en roue, qui s'épanouit brusquement lorsque l'on
touche le bout du bouton et lance le pollen de ses
anthères; c'est la *balsamine* impatiente qui, au
moindre contact, roule les douves du barillet de sa
capsule et projette au loin ses graines; c'est la *cla-
vaire* jetant paraboliquement sa poussière fine et jaunâtre; les champignons dits *mortiers* qui ouvrent
leur tête lorsque le temps est pluvieux et lancent
avec bruit de petites balles semblables à des grains
de chenevis.

Touchez avec la pointe d'une aiguille la tête du pistil de l'*épine vinette*, aussitôt toutes les étamines se courbent en voûte comme pour le défendre, les pétales suivent le mouvement.

La *sensitive*, la mimeuse pudique, a inspiré les vers suivants à Voltaire :

> Le sage Dufaï, parmi ces plants divers,
> Végétaux rassemblés des bouts de l'univers,
> Me dira-t-il pourquoi la tendre sensitive
> Se flétrit sous nos mains honteuse et fugitive?

En effet, le plus léger attouchement, un souffle, bien plus, un nuage, voilant un moment la clarté du soleil, font opérer à la sensitive des contractions qui ferment les feuilles, renversent l'axe des folioles. C'est encore un *mimosa* qui fournit le cachou auquel les orateurs doivent des remerciements pour les avoir délivrés de leurs enrouements par son action fortement tonique et astringente.

Malheur à l'insecte qui vient se placer sur les feuilles de la *dionée attrape-mouche*. Ces feuilles sont divisées en deux lobes ou demi-cercles bordés de cils raides et jaunâtres. Dès qu'un insecte s'y repose, les deux lobes se rapprochent et les cils, comme autant d'aiguillons acérés, percent l'impru-

15

dent. Plus il fait d'efforts, plus il développe l'irritabilité de la plante. Quand il est mort, le piége se détend, les lobes se desserrent et le cadavre du diptère reste suspendu comme autrefois le criminel aux fourches patibulaires.

Vous connaissez le pied de veau, l'*arum*, tous vous avez vu dans les jardins cette plante aux longues feuilles dont la fleur est semblable à un immense cornet blanc du milieu duquel s'élève une colonne d'or. Dans les champs existe un arum plus modeste, dont le congénère en Italie présente à certain moment de la floraison un phénomène de chaleur très-remarquable. Cette chaleur, d'abord observée par Lamarck, confirmée par d'autres naturalistes, dure plusieurs heures.

Dans l'île de Madagascar croît une plante des plus remarquables, c'est le *népenthe* distillatoire. De la racine s'élèvent des feuilles dont la nervure médiane se prolonge en vrille terminée par une urne, garnie d'un opercule pour couvercle. Ici, je laisse parler M. Bréon, ex-chef des cultures du gouvernement à l'île de la Réunion :

« A trois lieues environ de Tamatave se trouve une vallée couverte de népenthes d'une grande beauté et d'une végétation vigoureuse.

« Je découvris cette vallée vers dix heures du matin et je remarquai que toutes les urnes étaient ouvertes pour laisser évaporer l'eau qu'elles contenaient. Ma surprise fut grande de voir, vers trois heures après midi, tous les opercules s'abaisser peu à peu sur l'ouverture des urnes qu'ils avaient hermétiquement fermées à cinq heures.

« J'essayai vainement d'en ouvrir quelques unes, et je n'y pus parvenir qu'en les rompant. Désirant observer davantage cette plante miraculeuse, je me décidai à revenir le lendemain de très-bonne heure, afin de consacrer toute la journée à cette observation et je retournai à Isathan, où je passai la nuit dans la case qui vit mourir, en 1804 et 1805, les infortunés Chapellier et Michaux, botanistes du gouvernement français. Le lendemain, dès cinq heures et demie du matin, j'étais rendu à la plaine des népenthes Les urnes étaient fermées et tellement pleines d'eau que le poids les avait fait s'appuyer sur le sol. J'essayai encore d'ouvrir quelques opercules et je n'y parvins qu'en déchirant l'urne, et toutes celles que j'ouvris ainsi étaient tout à fait pleines. Vers huit heures, les opercules commencèrent à s'élever sensiblement et à neuf heures toutes les urnes étaient ouvertes. J'en ai mesuré plusieurs pour connaître la quantité d'eau qu'elles renfermaient et j'ai trouvé que les plus grandes contenaient environ les deux tiers d'un verre ordinaire. Cette eau, aussi limpide que celle qui est distillée, était très-fraîche et d'une saveur agréable; elle a formé ma seule boisson pendant toute cette journée d'observation. Vers trois heures, l'évaporation avait épuisé plus des deux tiers de l'eau contenue dans chaque urne qui se relevait elle-même peu à peu à mesure qu'elle était allégée; les opercules commençaient à se refermer et l'étaient entièrement tous à cinq heures du soir, ainsi que je l'avais observé la veille. »

Ne dirait-on pas un conte des *Mille et une Nuits?* Cependant le népenthe est une plante réelle, connue.

Nous pouvons faire succéder à ces lignes les suivantes empruntées à M. Adulphe Delgorgue, un enfant de Douai, mort de fatigues scientifiques il y a quelques années, et que j'ai entendu plus d'une fois raconter ses aventures dans la chasse aux éléphants au milieu des déserts de l'Afrique australe avec un accent de vérité digne d'un naturaliste sérieux :

« Continuant à m'avancer, je découvris bientôt un arbuste qui se plaît dans les terrains sablonneux et que l'on ne rencontre presque jamais ailleurs que

sur des collines... C'est le *zuiker-bosch-stroop*, buisson à sirop de sucre. Passablement commun à peu de distance du Cap, sa hauteur est ordinairement de quatre à cinq pieds, ses feuilles sont rudes... »
Ici M. Delegorgue avoue naïvement qu'il est le premier des voyageurs ayant visité la colonie du cap de Bonne-Espérance qui parle de ce qui va suivre; mais il en donne tout de suite une excellente raison. C'est au crépuscule du matin seulement qu'il est donné à l'observateur de jouir du phénomène, « et, dit M. Delegorgue, si cette observation ne m'eût été communiquée, il est probable que j'eusse toujours ignoré cette particularité...

« Voici donc la fleur dont les pétales serrées forment un calice imperméable. Le soleil n'est point encore sur l'horizon, tout dans l'air est tranquille encore; pas un souffle de brise, tout sommeille et la terre en se refroidissant a permis que les herbes se chargeassent de rosée. Là aussi, dans le calice, s'agitent, rondes et vives comme des gouttes de vif argent, celles qu'y a déposées le froid de la nuit. Mais combien elles sont privilégiées celles-là! Elues d'entre des millions, toutes vertus douces leur sont dévolues par leur naissance; leur berceau de roi les transforme en souveraines, et quand leurs innombrables congénères rappelées par le

15·

soleil remonteront aux nues, elles, au contraire,
recueillies par des mains soigneuses, iront se mêler
au noir café, en adoucir l'amertume et porter
l'homme à remercier le Créateur de tant de pré-
voyance, car l'abeille ne suffisait point à produire
le miel. L'abeille porte un sévère et cruel aiguillon ;
il faut quelque audace pour lui ravir ses trésors, et
ici, sans danger ni fatigues, la main d'une femme
suffit à courber ces récipients gracieux qui versent
le nectar le plus suave, le plus doux, et dont l'origine a tellement de poésie que je crains d'être taxé
de mensonge.

« Mais le chercheur de stroop a-t-il dû trop longtemps combattre le sommeil, le soleil domine-t-il
l'horizon, l'heure favorable est passée, les calices
sont à sec, la liqueur s'est évaporée... »

Avant de terminer par quelques anecdotes, jetons
un coup d'œil sur ces géants de la création, le dragonnier, le baobab. J'ai parlé ailleurs du châtaignier de l'Etna, du chêne d'Allouville, en ce moment nous quittons l'Europe, un vent propice nous
conduit aux îles Canaries. Nous sommes à Ténériffe,
devant le dragonnier d'Orotava dont le tronc a
75 pieds de hauteur et 46 de diamètre au niveau
du sol. Allons au Sénégal admirer les baobab adan-

son qui mesurent jusqu'à 90 pieds de circonférence et comptent, plusieurs, six mille ans d'existence, nés aux premiers âges du monde.

Voici bien plus étonnant encore. Il y a peu de temps arriva à Londres un fragment de l'arbre gigantesque de la Californie, appelé dans le pays la *mère de la forêt*, et dont tous les journaux firent mention. Le fragment exposé aux yeux du public provenait d'un arbre géant, vivant et encore debout dans les montagnes où il est né, et où il mesurait 327 pieds anglais de hauteur et 90 pieds de circonférence. L'écorce avait été enlevée jusqu'à la hauteur de 116 pieds.

Voici, d'après le *Hooker's Journal of Botany*, la description du bosquet de l'arbre de Mammouth, bois où se trouvent ces végétaux géants :

« Ce bois, ou plutôt cette forêt, est situé dans une petite vallée, à la source de l'un des tributaires de la rivière Calaveras, comté de Calaveras, en Californie. En arrivant à Murphy, soit de Sacramento, soit de Stockton, le voyageur se trouve à quinze milles de ce bois célèbre. On peut trouver à Murphy, en tout temps, des moyens de transport à des prix raisonnables. En quittant Murphy par une excellente route carrossable, si l'on monte graduellement, en serpentant à travers une splendide forêt de pins, de cèdres, de sapins, entremêlés de temps à autre par des chênes, on finit par arriver dans la vallée, distante de Sacramento de quatre-vingt-quinze milles, et de Stockton de quatre-vingt-cinq.

« La vallée qui produit ces arbres contient environ 160 acres (l'acre vaut 0,405 hectares) de terre, et on estime qu'elle est située à 4,000 pieds au-dessus du niveau de la mer. Il s'y trouve en ce moment quatre-vingt-douze arbres de cette espèce, qui sont tous dans un rayon de 50 acres de la vallée. C'est évidemment une espèce de cèdre gigantesque, découverte dans le printemps de 1850 par des chasseurs, dont les récits furent alors considérés comme fabuleux.

« Pendant les mois d'été, cette vallée jouit d'un climat délicieux, tout à fait libre des étouffantes chaleurs des basses terres; la végétation y est constamment fraîche et verte, tandis que l'eau, pure comme le cristal, est presque aussi froide que la glace. Le gibier abonde dans ces parages, dont les eaux abondent en truites. Parmi les points curieux qu'on peut de là aller visiter, il faut citer les chutes de Saint-Antoine et le rocher basaltique, sur la branche septentrionale de la rivière Stanislas.

« Un de ces arbres immenses, aujourd'hui tom-

bé, et le père de la forêt, ne mesurait que 300 pieds
de hauteur, mais la circonférence à la base mesure
112 pieds. Lorsqu'il était debout, ce géant a dû
atteindre jusqu'à 450 pieds de hauteur.

« La position respective de ces arbres a fait donner à chacun d'eux des noms particuliers, tels que
le Mari et la Femme, parce qu'ils s'appuient l'un sur
l'autre; Hercule, arbre tombé, qui pourrait fournir
72,500 pieds de charpente; l'Ermite, à cause de sa
position isolée au milieu des autres; la Mère et le
Fils; les groupes des jumeaux siamois, etc. Ces
arbres ont tous une circonférence d'au moins 55
à 60 pieds et une hauteur qui n'est jamais moindre
de 300 pieds. »

Par ouï-dire, au moins, vous connaissez ce que
l'on nomme la manie des plantes, c'est une véritable passion. Je pourrais vous citer certain
semeur d'oreilles d'ours qui ne conservait que deux
exemplaires de ses graines et hachait le reste impi-
toyablement. Par un atroce jeu de mots et à cause
de l'humeur de ce maniaque, on disait de lui qu'il
n'aimait que ses oreilles... d'ours.

Je vous avais promis des histoires, nous les de-
manderons aux fous tulipiers.

Le nom de la tulipe lui vient d'un mot turc signi-

fiant turban, probablement en raison de la forme et
de la disposition des couleurs de la fleur. La tulipe
est en Perse l'emblème des parfaits amants. Chardin
dit que quand un jeune homme en ce pays présente
une tulipe à sa future, cela signifie que comme cette
fleur il a le visage en feu et le cœur en charbon.

La figure est un peu forte, mais encore n'en
rions pas trop, ou bien laissez-moi rire à mon tour
de la mode nouvellement éclose dans la société lilloise et qui ne permet plus à une fiancée de porter
de bouquet autre que de fleurs blanches. C'est une
façon de dire aux gens : Il n'y a plus rien à faire
ici, passez votre chemin... Un diable méchant veut
absolument mettre son explication, c'est une en-
seigne, dit-il, et cela se lit : Plus rien à vendre.
Pour ce diable, le mariage serait-il donc un
marché !...

Une jeune fille à qui un étranger demandait la
signification de ce bouquet, répondit : Chasse réservée.—Pardon, Mademoiselle, reprit le Monsieur
étonné de ce langage tout au moins hardi dans la
bouche d'une jeune fille, vous avez sans doute
voulu dire : Chaste et réservée.

Revenons à nos tulipes.

De tous les peuples, les graves Hollandais sont
ceux qui ont porté la tulipomanie au plus haut

point, à un degré voisin du délire. Vers le milieu
du xviiᵉ siècle, il se fit en Hollande un trafic comme
de nos jours on en fait sur les obligations de chemins de fer et autres valeurs de la Bourse.

C'est alors que La Bruyère écrivait : « Le fleu-
riste a un jardin dans un faubourg, il y court au
lever du soleil et il en revient à son coucher. Vous
le voyez planté et qui a pris racine au milieu de
ses tulipes et devant la *Solitaire*, il ouvre de grands
yeux, il frotte ses mains, il se baisse, il la voit de
plus près, il ne l'a jamais vue si belle, il a le cœur
épanoui de joie; il la quitte pour l'*Orientale*, de là
il va à la *Veuve*, il passe au *Drap d'or*, de celle-ci
à l'*Agate* d'où il revient enfin à la *Solitaire* où il se
fixe, où il se lasse, où il s'assied, où il oublie de
dîner; aussi est-elle nuancée, bordée, huilée à
pièces emportées, elle a un beau vase ou un beau
calice; il la contemple, il l'admire. Dieu et la nature sont en tout cela ce qu'il n'admire point; il
ne va pas plus loin que l'oignon de sa tulipe qu'il
ne livrerait pas pour mille écus... Cet homme rai-
sonnable qui a une âme, qui a un culte et une religion, revient chez soi fatigué, affamé, mais fort
content de sa journée : il a vu des tulipes. »

Un particulier de Harlem donna pour une tulipe nommée *Vice-roi* les valeurs suivantes :

36 sacs de blé,

72 sacs de riz,

4 bœufs gras,

12 brebis grasses,

8 porcs énormes,

2 muids de vin,

4 tonneaux de bière,

2 tonnes de bon beurre salé,

100 livres de fromage,

et un grand vase d'argent.

Un autre amateur offrit douze arpents d'excellentes terres pour un petit oignon de tulipe qu'on ne voulut pas lui céder.

Une vente publique de dix oignons de tulipes ayant été faite avec la solennité qu'elle exigeait, produisit plus de 80,000 francs.

Enfin on dit qu'un seul oignon fut payé 100,000 fr. que la gelée ruina un propriétaire d'oignons riche à plusieurs millions.

Une tulipe ne raconte-t-elle pas son histoire par son nom, on l'appelle : *Dot à ma fille*.

La folie des tulipes devint si intense, et la contagion de cette manie si menaçante, que les États généraux de Hollande se virent dans la nécessité de trancher le mal dans sa racine; ils lancèrent un édit qui interdisait à tout Hollandais sous peine d'exil et de confiscation des biens le commerce des tulipes.

La tradition lilloise ne rapporte-t-elle pas que la brasserie de la rue des Vieux-Murs servit à payer un oignon de tulipe?

On raconte qu'un matelot étant allée porter une caisse de marchandises à un riche armateur de Harlem, en reçut un hareng saur pour son dîner. Le plat sembla un peu maigre au marin qui, pour se dédommager, se jeta en passant dans le jardin sur quelques oignons de tulipes qu'il prit pour des oignons communs et se mit à les croquer. L'armateur qui s'en aperçut, mais trop tard, s'écria dans sa douleur : Malheureux ! qu'as-tu fait ? ton déjeuner me coûte 50,000 fr.

Maintenant la tulipomanie est détrônée par l'orchidéomanie. Nous lisons dans le *Magasin russe* de Meyer :

« De zélés collectionneurs font venir des orchidées de toutes les parties du monde, et l'art du jardinier sait surmonter tous les obstacles que présente cette culture. C'est l'Angleterre qui se distingue surtout en ce genre, et ses grandes collections s'enrichissent tous les jours des espèces les

plus rares, qui se paient des sommes exorbitantes.
Le duc de Devonshire a payé 500 liv. st. (12,500 fr.)
la première *phalænopsis amabilis*, et on comprend
bien mieux cet engouement pour les orchidées que
pour les tulipes, dont il existe des milliers de variétés. C'est la fraîcheur et la délicatesse des couleurs, la douceur du parfum et l'étrangeté des formes des orchidées qui attirent surtout les amateurs.

« Les espèces connues en Europe ont des fleurs
qui ressemblent aux mouches, aux abeilles, aux
taons, aux araignées; d'autres représentent les plus
gracieux papillons; sur quelques-unes on voit des
huîtres, des grenouilles, des tortues, des têtes de
serpent; la belle *periskria* présente dans son calice
une tourterelle d'une blancheur éblouissante ayant
ses ailes déployées; dans l'Amérique du sud, cette
fleur sert dans les cérémonies religieuses; enfin,
vous voyez en d'autres endroits des singes, des
têtes de bœuf avec de grandes cornes, des têtes de
chat, des hommes cuirassés et coiffés de casques
luisants. Lady Grey, avec des fleurs sèches, est
parvenue à former une danse de sorcières dont
Bateman a donné le dessin dans son magnifique ouvrage sur la Flore du Mexique et du Guatemala. »

Me voici, Mesdames et Messieurs, au bout, pour

cet hiver du moins, des lectures auxquelles une indulgence bien grande m'avait convié. J'ai essayé de remettre en honneur devant vous l'étude des fleurs que de faux savants avaient maladroitement gâtée. Pour vous, je me suis presque uniquement borné à butiner dans mes lectures, dans mes études, dans les œuvres d'autrui enfin; rarement j'ai fait appel à mon expérience. Je vous remercie de votre bienveillante attention et en terminant mes lectures botaniques de 1856, je vous dirai : Le myosotis est la fleur des souvenirs, gardez-m'en une branche aux étoiles azurées.

PLANTES DES MONTAGNES

—◆—

LES ARBRES VERTS

LE CHÊNE

—◆—

Lille, 15 octobre 1856.

À Madame Z.....

Vous êtes d'une tyrannie dont rien n'approche ; vos louanges sont un piége, vous ne vous contentez pas de ce que je vous ai envoyé précédemment, après avoir eu de seconde main mes premières lectures, vous demandez la primeur des dernières. En un mot, vous tenez en ce moment à avoir le pas sur les auditeurs de l'*Association lilloise*. Soit, Madame, vous avez mille fois plus que Luther le droit de dire : ainsi je veux, ainsi j'ordonne, que

14·

ma volonté serve de raison. *Ego*..... *Sic volo, sic jubeo, sit pro ratione voluntas.* A défaut d'autre mérite, j'aurai du moins celui de l'obéissance, je serai fier de me dire le plus humble de vos esclaves. Et, qui sait? Vous me donnerez sans doute quelque conseil utile. *Fiat*, et pardon pour mes citations latines, permises seulement aux initiales J. J.

—◇◁◇—

MESDAMES, MESSIEURS,

« Le myosotis est la fleur des souvenirs, gardez-
« m'en une branche aux étoiles azurées. »

Ce sont les dernières paroles que je vous adressais au mois de mars passé; le myosotis me permettra de rattacher mes lectures nouvelles à celles qui les ont précédées. C'est aux montagnes que je veux vous conduire aujourd'hui.

Sur leurs flancs s'échelonnent les zones de végétation depuis les plantes des plaines jusqu'à celles des neiges éternelles. Ce sont d'abord les arbres vigoureux ; après les pins, les chênes, les noyers,

les romarins, les genêts, les lis martagons, après
les thyms odorants, les lavandes, mêlés aux buis
rabougris, apparaissent les hêtres qui cèdent la
place aux rhododendrons, aux sapins, aux mélèzes,
aux aulnes verts, aux saxifrages. Puis les prairies
sont moins grasses, l'herbe moins haute, les pentes
deviennent plus rapides et se recouvrent d'un gazon serré. Enfin se montrent les flaques de neige
dans les dépressions du sol et sur des gradins abri-
tés des rayons du soleil ; des ruisseaux s'en échap-
pent et tout à l'entour la terre est abreuvée d'eau
glacée.

Nous ne pouvons ramasser toutes les fleurs de ce
jardin aux incessantes décorations dont Dieu a paré
les croupes de nos montagnes. Ici, encore, nous
nous attacherons à quelques espèces. Nous n'avons
point à faire un cours complet de botanique, mon
but est seulement de soulever un coin du rideau
et de vous montrer combien intéressante est partout
et toujours l'étude de la nature.

Voici tout d'abord la famille des *lichens*. Vous
connaissez le *lichen*, Mesdames, non-seulement par
la pâte sucrée que vous portez à vos fils, au collége,
lorsque le rhume oppresse leur poitrine ; vous le
connaissez pour l'avoir vu. A Fontainebleau, vous
avez recueilli de ces petites forêts en miniature,

grises, blanches, de 10 à 20 centimètres de hauteur, arbres sans feuilles : ce sont des lichens. Contre l'écorce des arbres, des pommiers, par exemple, vous avez remarqué des lichens, taches jaunes, oranges, rouges, grises, blanches.

Le lichen est comme l'essai de la végétation. Il naît un jour, on ne sait comment, tombé du ciel, sur le haut de la montagne, sur le rocher, à l'abri du soleil, noyé dans l'humidité des brouillards. Il enfonce, ainsi que des coins, ses racines ou hypothalles dans les moindres crevasses, puis il se développe activement. Le lichen crustacé meurt, se décompose, forme un humus et fournit un peu de terre végétale à une espèce plus vigoureuse, coriace, foliacée, à laquelle succèdent des lits de mousse, des graminées et autres plantes qui tous les ans augmentent indéfiniment la couche. De telle sorte se poursuit le travail de la nature, lentement, mais sûrement si l'homme n'y vient mettre obstacle.

Le plus connu, de nom au moins, c'est le lichen d'Islande, près duquel vient se ranger, plus commun et non moins utile, le lichen des rennes. Il résiste aux froids les plus rigoureux, dans les prairies montagneuses il recouvre le sol de ses expansions en buisson. A l'aide de leurs bois et avec le secours de leurs pieds, les rennes retournent les amas de neige sous lesquels se trouve leur aliment favori.

La médecine, qui longtemps n'a agi qu'à tâtons et ne s'est point toujours gardée des idées les plus ridicules à l'examen, a cru trouver des remèdes merveilleux dans plusieurs autres espèces de lichens auxquels les anciens donnaient le nom d'usnée. Un lichen poussa par hasard sur un crâne abandonné dans quelque lieu humide. Vite on s'imagina qu'une pareille plante, retrouvée sur les rochers, devait guérir les maladies du cerveau. Et de fait on cita des guérisons. Dans le lichen pulmonaire on pensa reconnaître la forme d'un poumon ulcéré, dès lors on le vanta pour la guérison des maladies de ce viscère. Peut-être a-t-on remarqué quelque chien arrachant des touffes du lichen canin, aussitôt on dit : Voilà un antidote sûr contre la rage. Des médecins très-distingués partagèrent cette croyance, tels que Mead, Haller, Van Swieten, etc. Le lichen aphteux présente dans les tubercules de ses frondes quelque ressemblance avec les aphtes de la bouche des enfants, on l'employa pour les guérir de cette incommodité.

Pauvre nature humaine, si facile à croire aux fables les plus naïves et si rebelle à abaisser sa raison devant les vérités révélées !

Parmi les végétaux qui attirent surtout nos regards aux flancs des montagnes figurent en premier lieu les arbres verts. Généralement leur inflorescence est en cône, d'où leur a été donné le nom de *conifères*. Quatre tribus ont été formées dans cette famille, nous ne nous occuperons que de trois : les *abiétinées*, du nom du sapin *abies;* les *taxinées*, du nom de l'if, *taxus;* et les *cupressinées*, du cyprès, *cupressus*.

Le plus près de la région des neiges est le mélèze qui ne conserve point ses feuilles, mais les renouvelle chaque année. Il abonde aux montagnes les plus élevées et il est le plus haut, le plus droit, le plus incorruptible de tous les bois indigènes. En 1778, on voyait dans le Valais une maison de paysan, toute de mélèze et construite depuis plus de deux cent quarante ans. Le bois en était entier, sain, et le couteau ne l'entamait qu'avec peine. Pline rapporte que Tibère fit transporter à Rome une poutre de mélèze de 120 pieds de long, sur 2 pieds d'équarrissage. On a vu sur la montagne d'Endzon, dans le Valais, un mélèze que sept hommes ne suffisaient pas à embrasser.

Son bois est très-uni, presque point sujet à se fendre, les peintres s'en servent pour leurs tableaux. Il était employé au même usage du temps du naturaliste romain.

Le cèdre se distingue du mélèze en ce qu'il conserve ses feuilles plusieurs années. Le Liban est
sa patrie. Son nom viendrait du mot arabe *kedroun*,
kedr, signifiant puissance, et c'est sous ce rapport
qu'on lui compare les monarques.

En 1734, Bernard de Jussieu apporta d'Angleterre le cèdre que l'on va visiter au Jardin des
Plantes où il fut planté des mains du célèbre botaniste. Une balle en rompit le sommet, néanmoins
il est arrivé à des proportions très-remarquables.

Le cèdre est un des plus beaux arbres. Son
port est majestueux. « Ses rameaux, dit M. Des-
fontaines, disposés par étages et couverts de feuilles
nombreuses, fines, serrées et persistantes, se dé-
ploient horizontalement en larges tapis qui cou-
vrent de leur ombre un espace immense. La flèche
est constamment dirigée et inclinée vers le Nord.
Son tronc acquiert avec les années jusqu'à 10 à 12
mètres de circonférence et il en a quelquefois plus
de 30 d'élévation. Il vit un grand nombre d'années.
Son bois passe pour incorruptible. »

Ce fut le cèdre du Liban qui fut employé à la
construction du temple de Jérusalem élevé par
Salomon. On lit au livre III des Rois : Il lambrissa
d'ais de cèdre le dedans des murailles du temple
depuis le pavé jusqu'au plancher d'en haut, et il

planchéia tout le temple de bois de sapin..., et les
jointures du bois étaient faites avec grand art et
ornées de sculptures et de moulures, et il ne paraissait point de pierres dans la muraille.

Vous reconnaîtrez le sapin à ses feuilles éparses,
il croît aux montagnes, en Suède, en Norwége, il
forme d'immenses forêts connues sous le nom de
nadelholz (bois à feuilles aciculaires). Le peuplier
se plaît aux fleuves, le sapin aux monts élevés, dit
Virgile :

Populus in fluviis, abies in montibus altis.

Très-recherché, écrit Pline, pour la construction
des vaisseaux; il croît sur la cime des monts comme
s'il cherchait à fuir la mer.

Selon les terrains, il a pris sa croissance de 76
à 115 ans. Quelques espèces s'élèvent jusqu'à
80 pieds.

Les pins ont les feuilles disposées par deux, trois
ou cinq dans une même gaîne. Nous en remarque-
rons seulement quelques variétés.

Le plus facile à reconnaître est le pin cembro
dont chaque fascicule se compose de cinq feuilles,
fines, élégantes, et formant un feuillage touffu.

Il pousse sur les hautes montagnes de la Provence, du Dauphiné, en Sibérie, aux lieux les plus froids et où la neige reste une partie de l'année. Les bergers du Tyrol et de la Suisse fabriquent avec son bois mou, odorant et facile à travailler, de petites figures d'animaux et d'autres objets qu'ils vendent dans les villes.

Dans le pin maritime, les feuilles sont deux à deux ; on le nomme aussi pin de Bordeaux. Il se plante sur les côtes sablonneuses pour fixer les sables mouvants. On en retire de la résine, du brai, du goudron, de la térébenthine.

On lit dans Pline qu'à Seplasia (place publique de Capoue où demeuraient les parfumeurs), on mélangeait la résine du pin maritime à l'encens pour le falsifier. Les modernes n'ont pas su mieux faire, avec la résine du pin ils forment le galipot ou faux encens.

Chez les Romains, le pin maritime était consacré aux funérailles, on le plaçait comme un emblème devant la porte du défunt, de ses tiges vertes on formait les bûchers.

Le pin mugho, ou de Briançon, élève sa haute tige dans les marécages des montagnes, les Anciens le nommaient *tœda* ou pin à flambeau, à torche.

Le mot tède est encore usité dans le patois des Landes pour désigner la partie du pin qui a été entaillée. C'était avec ces sortes de flambeaux que l'on célébrait les mystères d'Isis et de Cérès :

Tœdas sylva alta ministrat
Pascuntur ignes nocturni et lumina fundunt

Du suc des pins altiers les flambeaux se nourrissent.

VIRGILE.

La déesse des moissons s'en servit pour s'éclairer dans la recherche de sa fille Proserpine enlevée par Pluton. Au figuré, le *tœda* signifiait le mariage ; c'était un usage de faire précéder par des hommes portant des flambeaux de pin les jeunes épouses emmenées le soir à la maison nuptiale :

. . . . *nec conjugis unquam*
Prætendi tœdas.

Je n'ai point prétendu jamais aux flambeaux de l'épousée.

VIRGILE.

Tœda venait du grec δαιω, brûler.

Quel est ce rapport entre la torche et l'union des époux ? Ne trouvons-nous pas aussi dans la langue anglaise un même mot, *match*, signifiant allumette et mariage ?

Le pin était consacré à Sylvain. On représente ce dieu tenant de la main gauche un rameau de pin chargé de ses fruits.

Il est peu d'arbres dont les étamines soient plus nombreuses, le pollen, ou poussière séminale, plus abondant, plus volatil. Ce pollen, emporté par les vents à une grande distance des forêts, va souvent couvrir les plaines d'une poussière jaune et d'apparence sulfureuse; ce qui a donné lieu aux récits de pluies de soufre.

Le pin silvestre a les feuilles géminées. Il est tellement ami du froid que Linné rapporte qu'en Laponie il parvient à une hauteur considérable, il y est très-commun, il vit 400 ans, son bois est d'une grande force, et avec l'écorce de son tronc, prise sur les arbres les plus élevés, les Lapons font une sorte de pain dont ils se nourrissent. Pour cet effet, ils ne prennent que les couches intérieures de l'écorce, les coupent en morceaux, les broient sous la meule et les réduisent en une sorte de farine qu'ils délaient dans de l'eau pour en former une pâte dont ils font des galettes fort minces qui, séchées au feu, peuvent se conserver pendant un an.

L'if a pris son nom latin *taxus* au grec Τόξος, arc, à cause de l'usage du bois.

Iturœos taxi torquentur in arcus.

Les ifs se tordent en arcs d'Iturée, dit Virgile.
Dans leur mythologie pleine d'allégories ingénieuses,
les anciens prétendaient que les rives du Styx et
de l'Achéron en étaient ombragées. En effet son
feuillage triste et sombre en fait un arbre d'aspect
lugubre. On voit dans la Thébaïde de Stace une
Furie, portant à la main un rameau d'if enflammé,
aller à la rencontre des âmes qui descendent au
séjour des ombres pour leur en éclairer la route té-
nébreuse.

C'est un arbre nuisible, écrit Pline, mais il cesse
de l'être si on y enfonce un clou d'airain. Singulier
moyen de combattre une influence maligne. Théophraste a regardé les feuilles comme un poison pour
les chevaux. D'après Plutarque, l'if est malfaisant
quand il est en fleurs. Le jésuite Schott affirme que
les rameaux plongés dans de l'eau dormante assou-
pissent le poisson qui se laisse alors prendre à la
main. Ray rapporte que des jardiniers chargés de
tondre un if très-touffu dans le jardin de Pise ne
pouvaient continuer ce travail plus d'une demi-
heure de suite sans éprouver de violentes douleurs
de tête.

Voici ce qui est arrivé dans le courant de 1856
à un fermier des environs de Cambrai. Cet homme
ayant conduit, selon son habitude, ses quatre vaches

dans une prairie, vit mourir trois d'entre elles quelques instants après leur rentrée à l'étable.

D'après les renseignements qui lui furent fournis par des personnes du voisinage, il apprit que ses vaches avaient mangé des feuilles d'if.

Peu de jours auparavant des fagots d'if pourvus de feuilles avaient en effet été mis dans la pâture.

Le lendemain, l'autopsie des trois vaches mortes ayant été faite par des vétérinaires, des feuilles et des petits morceaux de bois d'if furent trouvés dans l'intérieur de l'estomac, mais aucune lésion ne fut constatée.

La quatrième vache, qui n'a pas péri, a été gravement malade.

Les fruits seraient sans danger, d'après toutes les expériences qui ont été faites. Les oiseaux en sont friands, on a vu des enfants en manger en grande quantité sans être incommodés.

L'if est de tous les arbres un de ceux qui se prêtent le mieux à prendre toutes sortes de formes sous la main de celui qui le taille. Aussi en a-t-on usé et abusé. Les ifs de Versailles ne peuvent à cet égard que nous donner une bien faible idée de ce que l'on avait réalisé dans certains jardins.

En Normandie, l'if est l'arbre des cimetières : Beaucoup de villages ont leur vieil if adossé contre

l'église et puisant sa vigueur dans la terre bénie
où sont déposées tant de générations. Plusieurs de
ces arbres séculaires ont vu bâtir les églises contre
lesquelles ils s'appuient. Le tronc de quelques-uns,
miné par le temps, pourrait contenir une quin-
zaine de personnes ; chaque année pourtant, ils
renouvellent leur sombre verdure, et les petits-fils
de ceux qui contemplent aujourd'hui leur caducité
sont peut-être destinés à être enterrés à l'ombre
de leurs rameaux.

L'if que l'on voit dans la commune de Foulbec
est un des plus remarquables : il a 7 mètres de
pourtour ; sa grosseur prodigieuse et sa solidité
suffisent pour soutenir le chœur de l'église à laquelle
il est adossé et qui s'écroulerait dans un profond
ravin si l'arbre ne lui servait d'appui. Le terrain
où il est planté se compose de sable et de cailloux ;
au-dessous de l'if on voyait, il n'y a pas longtemps,
la coupe d'un cercueil de plâtre, dont la direction
était de l'ouest à l'est, comme celle de l'église. Il
était facile de reconnaître, par le diamètre de la coupe
et par les os du squelette, qui perçaient la terre, que
l'extrémité seule, répondant aux pieds, s'était cassée
dans l'éboulement du sol et que le milieu de l'if occupait le milieu du cercueil. Cela fait présumer que
cet arbre fut autrefois planté sur le tombeau de la

personne dont on apercevait la tombe, et qui, sans doute, était d'un rang distingué. Dans le feuillage de ce vieil if nichent une foule d'oiseaux, tels que fauvettes, merles et grives, qui se nourrissent des baies que l'arbre produit encore en abondance[1].

Les deux ifs de la commune de la haie de Routot, près de la forêt de Brotonne, dans le département de l'Eure, donnent un exemple remarquable de lon-gévité. Leur tronc, qui est creux, a près de 9 mè-tres de circonférence; en comparant leur volume à celui d'autres ifs dont l'âge est connu, et placés dans les mêmes circonstances de sol et d'exposition, on a pu évaluer leur âge à 1,460 ans.

Le cyprès doit son nom soit à l'île de Cypre, sa patrie, soit à Cyparisse, favori d'Apollon. (OVIDE. — *Métamorphoses.*)

Le poëte latin nous montre les arbres venant se ranger autour d'Orphée, attirés par ses chants mélodieux.

Parmi eux se trouvait encore le cyprès, taillé en cône comme la borne des champs; arbre mainte-nant, il fut jadis un enfant aimé du Dieu qui manie également l'arc et la lyre. Dans les champs de Car-

[1] *Merveilles et beautés de la nature en France,* Depping.

thée vivait un cerf à la haute stature et cher aux
Nymphes de la contrée ; son bois répandait un
vaste ombrage sur son front, l'or brillait sur ses
tempes ; un collier enrichi de pierreries pendait à
son cou arrondi et descendait sur ses flancs. Attachée par des liens légers, une étoile d'argent s'agitait
sur sa tête ; deux perles de l'airain le plus poli et
d'une égale grosseur flottaient à ses oreilles. Libre
de toute crainte, affranchi même de la timidité que
la nature a donnée à sa race, il fréquentait les demeures de l'homme et présentait son cou aux caresses
d'une main inconnue. Tu l'aimas plus que personne,
toi le plus beau des habitants de Céos, ô Cyparisse :
tu le menais dans des pâturages toujours nouveaux
et aux sources limpides. Tantôt tu entrelaçais son
bois des fleurs les plus variées ; tantôt sur son dos
assis, tu aimais à diriger çà et là ses élans, et à soumettre à un frein de pourpre sa tête docile. Une
chaleur dévorante régnait vers le milieu du jour :
près du rivage de la mer, le cancer sentait ses bras
recourbés en proie à tous les feux du soleil.

Accablé de lassitude, le cerf reposait sur le gazon
et goûtait le frais à l'ombre dont les arbres couvraient la terre. Le jeune Cyparisse le frappa imprudemment de son dard ; mais à peine le voit-il expi-
rer par cette cruelle blessure qu'il veut mourir

lui-même....... Cependant l'excès de ses larmes tarit son sang ; ses veines, privées de leur azur, commencent à verdir ; les cheveux qui flottaient naguère sur son cou d'albâtre se changent en un feuillage hérissé : ils durcissent et leur cime effilée s'élève vers les cieux. Le dieu soupire, et sa voix triste fait entendre ces mots : Tu seras l'objet éternel de mes regrets ; associé aux chagrins des mortels, tu deviendras le symbole du deuil.

Les îles de l'Archipel furent donc la patrie du cyprès, ce qui a fait dire à Pline que si on y labourait la terre il naîtrait d'abord des cyprès et que leur produit était tel qu'on les appelait la dot de la jeune fille.

Les idées funèbres attachées à cet arbre nous viennent des Grecs et des Romains. Les restes des personnes distinguées étaient placés dans des caisses de bois de cyprès.

On mettait également dans des coffrets de même nature les objets précieux, ou on en formait des tablettes. Nous espérons voir éclore des vers dignes d'être parfumés d'huile de cèdre et conservés dans des tablettes de cyprès, dit Horace dans son *Art poétique*.

Ce fut sur des planches de cyprès que furent écrites les lois des douze tables.

La durée de ce bois est très-longue. Pline parle d'une statue de bois de cyprès, placée à Rome dans la citadelle de Jupiter, et qui avait 661 ans. Il y a quelque temps, ajoute un commentateur du naturaliste latin, on a retiré de l'eau *le Trajan*, après treize siècles d'immersion, et il a offert des planches de cyprès encore entières.

On assure que les portes de Saint-Pierre de Rome, faites de ce bois, avaient duré depuis Constantin jusqu'à Eugène IV, espace de plus de onze siècles, et encore ne furent-elles enlevées que pour les remplacer par des portes d'airain.

Virgile nous apprend que le bois de cyprès entrait dans la construction des maisons :

> *Dant utile lignum*
> *Navigiis pinos, domibus cedrosque cupressosque.*

Ces bois, ...
Dans leur stérilité sont encore fertiles,
Pour former nos lambris leurs arbres sont utiles.

On voit au Mexique, dans le cimetière de sainte Marie de Testa, à deux lieues ouest d'Oaxaca, un cyprès chauve qui a 100 pieds de haut et 118 pieds de circonférence. Il fut mentionné par Fernand

Cortez qui abrita sous son ombre toute sa petite armée, lorsqu'au commencement du XVIᵉ siècle il alla faire la conquête du Mexique. Ce colosse toujours vivant et toujours vert est un objet de haute vénération pour les Mexicains indigènes.

Nous ne parlerons pas des thuyas, ils sont tous originaires d'Amérique ou des Indes.

Arbrisseau rustique, hérissé de feuilles dures, très-étroites, aiguës, très-piquantes, couvert de rameaux difformes, tortueux, ramassés en buisson, le genévrier a un aspect sauvage, conforme aux lieux arides et pierreux qu'il habite. Tous les genévriers, écrit Pline, ont toujours l'aspect sombre et triste. N'est-il pas aussi des hommes dont la vie n'a jamais été semée de fleurs !

On connaît la liqueur spiritueuse qui lui a pris son nom ; assez souvent elle ne lui prend que cela, les baies de genévrier vont chez le fabricant de dragées.

Virgile, dans ses *Géorgiques,* pour mettre en contraste les terrains cultivés, nous transporte sur les rochers incultes et sauvages. Quel plaisir, dit-il, de voir les ondulations que forme le buis sur le mont Cytorus :

Et juvat undantem buxo spectare Cytorum.

Le buis est de nos bois d'Europe le plus pesant et le plus dur, aussi fait-on dériver son nom du vieux français *bouys*, né du celtique : *bou*, bois, *ys*, fer.

On sait assez quels jolis ouvrages l'art du tourneur fait sortir de ce bois jaune au tissu fin et serré, susceptible d'un beau poli :

Le buis au gré du tour prend une forme heureuse.

Au jour de la fête des Rameaux, dans nos contrées du Nord, il remplace les palmes.

Les feuilles du buis renferment un purgatif violent. Par un procédé très-blâmable, certains cabaretiers font infuser du buis dans la bière, le goût en est très-agréable, mais l'usage n'est point sans danger.

Par ses caractères floraux, le buis est rangé dans la famille des *urticées*, ainsi nommée des orties.

Il ne nous reste, pour compléter nos notions générales sur les arbres à feuillage persistant, qu'à parler du houx.

Le houx est un charmant arbrisseau, s'élevant jusqu'à 8 à 10 mètres. Il plaît à la vue par le vert foncé et luisant de son feuillage contrastant avec le rouge écarlate de ses fruits, brillant au milieu

des neiges. Son bois est souple, ses jeunes rameaux servent à faire des verges de fléau à battre
le blé, des baguettes de fusil, des manches de fouet,
d'où est venu le mot houssine.

Des lames de l'écorce on retire de fort bonne glu.

Peut-être ces détails vous ont-ils été un peu arides, je ne veux point abuser de votre attention
bienveillante, et laissant pour une autre fois de
nouveaux détails, je terminerai aujourd'hui par le
chêne, le géant de force et de majesté,

> De qui la tête aux cieux était voisine,
> Et dont les pieds touchaient à l'empire des morts.

dit La Fontaine imitant Virgile.

Le chêne, de la famille des *quercinées*, est l'arbre par excellence. Voyez son nom : *Quercus*, en
latin, a pour étymologie deux mots celtiques : *quer*,
beau, *cuez*, arbre.

Son nom grec $\delta\rho\tilde{\upsilon}\sigma$ a été la racine du mot signifiant arbre, dans les idiomes germaniques, l'allemand
excepté. La lettre *delta* ou *d* a été changée en son
équivalente *t* et en a formé : *tree* en anglais, *trae* en
danois et suédois, *trie* en islandais, *thara* en scandi-
nave; et par retour du *t* au *d*, *dera* en teuton, *dre-
zewo* en polonais, *drewe* en russe, *drevu* en carniole,
druu en épirote.

16

Quant au mot arbre, il dut sa naissance à la langue de nos ancêtres : *ar*, le, *bos*, arbre, en celtique ; *arbor* en latin, *albero* et *arbore* en italien,
arbos en espagnol, *arvore* en portugais.

Le chêne formait jadis de vastes forêts, et ce
n'est pas sans un sentiment de religieux effroi qu'on
lit la description publiée par le père Montfaucon,
d'après j'ai oublié quel auteur, du bois sacré de
Marseille, en grande partie formé de chênes. Aujourd'hui, de ces espaces immenses couverts de
l'arbre consacré à Jupiter, à peine reste-t-il quelques portions échappées à la hache du forestier.
C'était sous leur voûte épaisse qu'un peuple super-
stitieux allait consulter ces oracles si renommés
des chênes de Dodone. Je laisse parler Pline à propos du gui du chêne. Auparavant, lisons les vers de
Virgile :

Son or brille à travers une sombre verdure.
Tel, quand le pâle hiver nous souffle la froidure,
Le gui sur un vieux chêne étale ses couleurs,
Et l'arbuste adoptif le jaunit de ses fleurs :
Tel était ce rameau ; tel, en lames bruyantes,
S'agite l'or mouvant de ses feuilles brillantes.

Voici maintenant ce que dit l'historien latin :

« Les druides n'ont rien de plus sacré que le gui et le chêne qui le produit : Ils choisissent des bois sacrés qui soient de chênes et ne font aucune cérémonie ni acte de religion qu'ils ne soient ornés de feuilles de cet arbre, ce qui pourrait avoir donné lieu de croire que leur nom vient du mot grec δρῦσ qui veut dire chêne ; ils croyaient que tout ce qui naît sur cet arbre est envoyé du ciel, et que c'est une marque que cet arbre est choisi du Dieu. On ne trouve le gui que très-rarement et quand on l'a trouvé on va le chercher en grande cérémonie. Ils observent sur toutes choses que ce soit au sixième jour de la lune, par lequel ils commencent leurs mois, et leurs années, et leur siècle, qu'ils recommencent après la trentième année, parce que la lune commence au sixième jour d'être dans sa force sans qu'elle soit pourtant arrivée au milieu de son accroissement. Ils lui donnent un nom qui marque qu'il guérit de toutes sortes de maux : après avoir préparé le sacrifice et le repas qui se doivent faire sous un arbre, ils amènent pour le sacrifice deux taureaux blancs à qui on lie pour la première fois les cornes. Le prêtre vêtu de blanc monte sur l'arbre, coupe le gui avec une serpe d'or et le reçoit dans son habit blanc. Après quoi ils immolent des victimes et prient le Dieu que le présent qu'il leur fait soit favorable à ceux à qui il l'a donné. Ils croient que les animaux stériles deviennent féconds en buvant de l'eau de gui et que c'est un préservatif contre toutes sortes de poisons, tant il est vrai que bien des gens mettent leur religion en des choses frivoles[1]. »

Cette sorte de culte pour le chêne avait pris sa source plus haut; elle se reliait au chêne de Mambré, à l'ombre duquel Abraham éleva un autel au Seigneur et où il reçut sous sa tente les anges qui vinrent lui annoncer la naissance d'Isaac.

Près de ce même chêne de Mambré, Josué fit reposer l'arche du Seigneur, et selon Dom Calmet, là aussi Abimélech, fils de Gédéon, se fit proclamer roi des Sichemites.

Lorsque Rachel quitta avec Jacob la maison de Laban, elle emporta les idoles de son père, les dieux lares. Jacob les enfouit au pied du chêne de Mambré, afin que la crainte d'une violation d'un arbre sacré empêchât personne de les déterrer.

[1] Vieille traduction.

On voyait encore ce chêne du temps d'Eusèbe de Césarée et du grand Constantin.

Saint Basile, parlant des avantages de la solitude, dit qu'on y trouve le chêne de Mambré. Figure du recueillement que l'on va chercher au désert pour que l'âme s'y élève à Dieu, comme les prières du père des nations montaient à Mambré vers le Seigneur.

Ce fut sous un chêne que périt Absalon. Il fut rencontré par les gens de David, « car, lorsqu'il était sur son mulet et qu'il passait sous un grand chêne fort touffu, sa tête s'embarrassa dans les branches du chêne et son mulet passant outre, il demeura suspendu entre le ciel et la terre... Dix jeunes écuyers de Joab accoururent, le percèrent de coups et l'achevèrent. »

Le chêne dut aussi en partie les honneurs qui lui furent rendus à la ressource qu'il présentait aux hommes comme nourriture en temps de disette. Cornelius de Alexander dit que « les habitants de Sio gardèrent leur ville encore qu'elle fût étroitement assiégée, n'ayant autre munition que les veillottes (glands du chêne ballotta), de sorte qu'ils contraignirent l'ennemi à lever le siége. »

Les temps modernes fournissent un pareil exem--

16*

ple de détresse. En France, lors de la disette de 1709, les malheureux furent obligés d'avoir recours à cette chétive ressource. Réduit en farine et converti en un pain grossier, le gland fut alors un objet de consommation considérable.

Il ne faut pas en effet juger le fruit du chêne d'après ce fruit à goût âcre que l'on connaît à peine dans le département du Nord. On trouve dans la Grèce et l'Asie mineure, dans les montagnes de l'Atlas, un gland doux, assez semblable en goût aux châtaignes. On le vend sur les marchés de Bône, de Constantine, d'Alger. Ces chênes sont en Espagne et en Portugal l'objet d'un commerce assez lucratif. Le gland a été parfois, non sans succès, employé comme succédanée du café.

On connaît assez l'emploi du chêne dans la construction des maisons, des meubles, comme aussi l'usage de l'écorce pour tanner, c'est-à-dire pour préparer les peaux destinées à faire des cuirs.

Une espèce de chêne donne dans son écorce un produit précieux par ses applications, vous avez nommé le chêne-liége.

Ce chêne croît dans le midi de la France, en Espagne, en Portugal, dans les terrains secs et montueux. Quand l'arbre a atteint 25 à 30 ans, on l'écorce, en juillet ou en août. On fend longitudinalement l'écorce de distance en distance, jusqu'au collet de la racine, puis on fait aux deux extrémités des fentes une incision circulaire. On frappe l'écorce pour la détacher, puis on introduit le manche de la cognée entre elle et le bois. On partage le liége par planches, on en gratte la surface pour la rendre unie et on la flambe pour en rétrécir les pores. L'arbre peut être écorcé tous les 8 à 10 ans, et sa durée pourra être encore de 150 ans.

L'yeuse est une sorte de chêne qui conserve ses feuilles pendant l'hiver. Son accroissement est très-lent et sa durée d'autant plus longue. Pline cite un chêne vert qui existait sur le Vatican et qu'on disait être plus ancien que la ville elle-même. Il parle d'un autre qui avait plus de 10 mètres de pourtour et qu'on voyait de son temps, près de Tusculum, dans le voisinage d'un bois consacré à Diane.

Une dernière variété de chêne dont j'ai à vous entretenir est le chêne kermès ou à cochenille. Le nom de *kermès* vient de l'arabe *quermez*, petit ver, vermillon, *vermiculus*, dont la couleur s'appelle *quermezi*, d'où nous avons fait cramoisi. L'insecte, qui vit sur le chêne auquel il a donné sa désignation, se présente sous l'apparence d'une petite boule brune de la grosseur d'un pois, recouverte d'une poudre blanche. Avant la cochenille, autre insecte qui vit sur les nopals du Mexique, on faisait un commerce considérable du kermès.

Un autre insecte vit sur les chênes et par sa piqûre y produit des excroissances que l'on a nommées noix de galles et qui entrent dans la composition de l'encre.

Une porte de Rome se nommait *Querquetulane*, du grand nombre de chênes qui l'avoisinaient; ainsi le mont *Viminal* avait pris son appellation aux saules qui y croissaient, et le quartier *Fagutal* aux hêtres.

Quelques chênes ont encore maintenant une certaine réputation, je vous en citerai trois : Le chêne des partisans, dans l'arrondissement de Neuf-Château (Vosges), point de ralliement dans les guerres du xive au xviie siècle. Il a 22 mètres de hauteur. A 1 mètre 60 de terre, son diamètre est de 5 mètres 60.

Près de la Seillé et à peu de distance du Vieux-Château de Mailly (Moselle), se voit le chêne à la Vierge, dont la circonférence a 8 mètres. Il portait autrefois une statue de la Vierge. La tradition racontait qu'elle était sortie miraculeusement du tronc, appelée par les prières du peuple pour apporter un baume propre à guérir les blessures fréquentes dans ces temps de guerre.

Il n'y a pas bien longtemps que ce lieu était le

but de pieux pèlerinages après la première com-
munion, après le mariage, pour les malades. Aujourd'hui de petites croix suspendues aux branches
montrent que l'on n'a pas perdu toute foi en la bonne
Vierge.

Chacun a entendu parler du célèbre chêne-cha-
pelle d'Allouville, près Yvetot. Son tronc, creusé
par les siècles, a été, il y a 150 ans, transformé en
chapelle par le curé du lieu. Cette chapelle a 7 pieds
de diamètre, elle est soigneusement lambrissée et
fermée par une porte grillée. Au-dessus est un
petit ermitage contenant une couchette; on y arrive
par un escalier qui tourne autour du tronc. Le
sommet de ce petit donjon est abrité par un toit
en pointe surmonté d'une croix en fer qui s'élève
au-dessus du feuillage. D'après les calculs qui ont
été faits, ce chêne n'aurait pas moins de 870 ans.

Si vous le voulez bien, dans une prochaine lecture nous nous occuperons des autres arbres des
montagnes et des collines et spécialement de la
vigne.

L'ORME, LE LAURIER, LA VIGNE.

Mesdames, Messieurs,

La dernière fois que j'eus l'honneur de vous entretenir, mettant votre main dans la mienne, nous gravîmes les montagnes neigeuses où la famille des arbres verts répand les ombres obscures de ses pyramides au sombre feuillage, et nous terminâmes par le chêne croissant sur les pentes plus douces. Permettez-moi de vous conduire de nouveau aux cîmes les plus élevées, dans les régions alpines où aucun autre arbre que le bouleau ne saurait subsister. Peu susceptible aux impressions de l'air et à la rigueur du froid, facile dans le choix du sol, il s'avance jusque vers les glaces du pôle arctique, il fournit aux Groenlandais, aux Lapons, aux habitants du

Kamschatka le bois de leur foyer ; son écorce, pour le tannage et la coloration des toiles, pour couvrir les toits des cabanes, pour des cordes, des boîtes ; sa sève à la préparation d'un sirop remplaçant le sucre, à la fabrication d'une liqueur spiritueuse ; ses chatons, avec leur cire. Il récrée la vue et s'annonce au loin par son épiderme lisse, satiné, d'une blancheur éclatante.

A Rome primitive, on brûlait des torches d'épine le jour des noces, afin de porter bonheur aux jeunes mariés, parce que, disait-on, les bergers, ravisseurs des Sabines, en tenaient à la main. Plus tard on leur substitua des baguettes de bouleau [1].

Le bouleau, grâce à ses branches menues, flexibles, retombant élégamment parées d'un léger feuillage, avait été destiné par les Romains à certains ustensiles dont se servirent contre leur pédagogue les enfants du maître d'école de Falisques. On en faisait des verges pour punir les élèves indociles. Il entourait les faisceaux des licteurs, aussi le nommait-on : Terrible par les verges des magistrats, *terribilis magistratuum virgis*.

En France on l'appela longtemps : L'arbre de la sagesse, *Arbor sapientiæ*. Probablement en raison

[1] Varrus, Festus, Ovide.

du vieux mot que : les verges font entrer la science.

Redescendons vers la plaine, voici l'orme si poétisé, attendu sans doute qu'ormeau rime avec hameau, comme lauriers avec guerriers. Des cimes du Jura et des Vosges, la samarre ailée, qui renferme ses graines, a été emportée par le vent vers le donjon féodal, et bientôt le châtelain le fit planter près du manoir pour que les vilains — les campagnards, disons-nous maintenant, — y vinssent danser aux jours de fêtes.

On s'étonnerait peut-être qu'un arbre, dont les racines sont aussi délicates à la gelée que celles de l'orme, pousse aux sommets des montagnes. Ajoutons comme explication qu'on le trouve souvent à la ligne des neiges. On n'ignore pas què la neige est le meilleur préservatif contre l'intensité de la gelée.

Je ne vous rappellerai point les qualités qui font de l'orme un des bois les plus utiles, je me bornerai à quelques indications historiques :

Sully, le ministre du grand Henri, avait ordonné de planter des ormes à la porte de toutes les églises séparées des habitations. On voit encore de ces arbres auxquels la reconnaissance publique a donné le nom de *Rosni*. Il n'est pas rare d'en rencontrer dont le tronc a cinq à six mètres de circonférence et d'une très-grande hauteur.

Enfin ce fut sous un orme planté non loin de Gisors que Philippe-Auguste et Henri II arrêtèrent la troisième croisade, après s'être réconciliés.

Admirons encore aux montagnes le sorbier que l'on a transporté aux jardins et dont le fruit, d'un rouge de feu, se détache au milieu de la neige et convie les grives au festin.

« Le sorbier, dit De Theis, jouait un rôle important dans les mystères religieux des druides..... L'Écosse septentrionale est un des lieux où ils restèrent le plus tard. On y trouve encore sur les montagnes, où étaient leurs temples, de grands cercles de pierre entourés de vieux sorbiers ; cet arbre, comme on le sait, est de la plus grande durée. Au 1er de mai, les montagnards écossais sont encore dans l'usage de faire passer tous leurs moutons et leurs agneaux dans un cerceau de sorbiers pour les préserver d'accidents. On est encore en usage dans quelques endroits de la Suisse de répandre le fruit du sorbier sur les tombeaux. On ne connaît pas dans le pays l'origine de cette coutume ; mais l'analogie qu'elle présente avec celles des Écossais est singulière. Il est à remarquer, — ajoute De Theis dans une note, — que saint Chrysostôme, en parlant

17

des superstitions des habitants d'Antioche, reproche aux mères de mettre aux bras de leurs enfants des fils d'écarlate pour les préserver des sortiléges. »

« Le frêne est superbe aux forêts, l'orne sur les monts, » dit Virgile.

L'orne n'est qu'une espèce de frêne, celui que l'on nomme à fleurs, qui croît plus particulièrement au midi. Vers le nord on voit plus communément le grand frêne. C'est sur cet arbre qu'habite la cantharide dont les essaims ont fini vite de dévorer toute la verdure. Le frêne est un puissant despote, il s'élève de toute la tête au-dessus des arbres qui l'environnent. Il étend au loin ses racines, et sur sa route tout périt ou languit. C'est un voisin puissant qui veut vivre dans l'aisance et qui s'inquiète peu de ce que les autres souffrent pourvu que rien ne lui manque.

Il rachète ses inconvénients par ses qualités ; outre les cantharides que j'ai citées, il nous fournit un fébrifuge dans son écorce, un purgatif dans ses feuilles et particulièrement la manne qui en découle, soit naturellement, soit par incision.

Avec les branches, les anciens faisaient des hampes de lance, les modernes fabriquent des queues de billard. Distance du peuple guerrier au peuple de commis-voyageurs.

Pline, l'amateur de fables, raconte qu'il a expérimenté le fait suivant pour prouver l'aversion des serpents pour le frêne : « Que l'on circonscrive un serpent dans un cercle moitié de feu, moitié de feuilles de frêne, le reptile, pour en sortir, s'élancera à travers les flammes plutôt que par les feuilles. »

Que répondre à un homme qui ajoute : « J'ai vu, » et qui conclut :

« Admirons la bonté de la nature qui a placé la floraison du frêne avant l'époque à laquelle les serpents sortent de terre et la chute de son feuillage après l'instant de leur retraite. »

Ce fut aux monts Acrocérauniens, sur la tombe d'Elpénor, que poussa le myrte, plus tard consacré à Vénus. Donnée alternativement à chacun des convives dans un festin, une branche de myrte était une invitation à chanter. La muse Érato en était couronnée.

Les idées des Grecs, relativement à l'emploi de cette plante dans les cérémonies du culte, se rencontrent chez d'autres peuples. A la fête des Tabernacles, les Hébreux en mêlaient les rameaux avec des branches de dattier et d'olivier qu'ils portaient à la main.

Il y eut à Rome une histoire célèbre de deux myrtes poussés dans le temple de Quirinus : l'un était le patricien, l'autre le plébéien. Pendant beaucoup d'années le patricien fut le plus beau, il restait couvert de fruits, brillant, énorme, et cela tant que dura la puissance du sénat. Le plébéien, de son côté, était chétif et rabougri.

Mais rien n'est stable ici-bas, et un jour le plébéien triompha du patricien jaunissant. Ce fut lors de la guerre des Marses, quand l'aristocratie romaine, à son déclin, vit la décrépitude remplacer son pouvoir majestueux.

S'il faut en croire le naturaliste romain, tout voyageur qui portera à la main une baguette de myrte se sentira aussitôt soulagé.

Le proche voisin du myrte c'est le laurier.

Dans le temps où Livie Drusille était promise à César, un aigle, du haut des airs, laissa tomber sur les genoux de la princesse assise une poule blanche qui était sans blessure. Nouvelle merveille, la poule tenait dans son bec un rameau de laurier chargé de baies. Les aruspices consultés recommandèrent de planter cette branche et d'en prendre un soin religieux ; ce que l'on fit dans une maison de plaisance des Césars, sur la voie flaminienne. Ce laurier fournit une forêt. Depuis, Auguste, dans ses triomphes, entrait à Rome, ayant sur la tête une couronne de laurier et tenant à la main de ce laurier miraculeux. Tous les empereurs ont suivi son exemple.

Le laurier est le seul arbre qui ait donné des noms propres aux Romains, le seul dont la feuille ait eu une appellation spéciale. Sur le mont Aventin se trouvait un lieu nommé Loretum, à cause d'une forêt de cet arbre.

Le laurier consacré à Apollon, qui l'adopta pour son arbre favori après la métamorphose de Daphné; le laurier chanté par les poëtes, nommé par Pline le portier des Césars : *gratissima domibus janitrix.....* *antè limina Cæsarum excubat;* le laurier se nomme aujourd'hui le laurier à jambons et marie son parfum pénétrant à celui du thym et de la sauge.

« C'était une croyance généralement répandue que jamais le laurier n'était frappé de la foudre. Tibère se couronnait de laurier dans les temps d'orage pour se mettre à l'abri du tonnerre. Admis dans les cérémonies religieuses, le laurier entrait dans les mystères et les feuilles étaient regardées comme un instrument de divination. Si, jetées au feu, elles rendaient beaucoup de bruit, c'était un bon présage; si, au contraire, elles ne pétillaient point du tout, c'était un signe funeste. Voulait-on avoir des songes favorables, on plaçait les feuilles de cet arbre sous le chevet de son lit. Chez les

Grecs, ceux qui venaient de consulter l'oracle d'A-
pollon se couronnaient de lauriers s'ils avaient reçu
du dieu une réponse favorable ; de même chez les
Romains tous les messagers qui en étaient porteurs
ornaient de laurier la pointe de leurs javelines. On
entourait également de laurier les lettres et les tablettes qui renfermaient le récit des succès ; on
faisait la même chose pour les vaisseaux victo-
rieux [1]. »

Le camphre, la cannelle, la casse sont dûs à diverses espèces de lauriers : le camphrier du Japon,
le cannellier de Ceylan, la casse de Cochinchine.

Lorsque les eaux du déluge se furent retirées,
Noé, s'appliquant à l'agriculture, commença à labou-
rer et à cultiver la terre, et il planta la vigne [2].

La vigne est l'arbre dont il est le plus souvent
parlé dans la Bible. Elle est fréquemment l'un des
termes des comparaisons. — « Allez à ma vigne, »
dit à ses ouvriers le père de famille. — « Je suis la
vigne, vous êtes les rejetons. » — Pour indiquer
un jour de bonheur : « En ce jour-là, l'ami appellera
son ami sous sa vigne [3]. »

[1] Hoefer.
[2] Genèse.
[3] Zacharie.

Je ne demande la permission que de vous faire
entendre deux passages de la poétique voix de David
et du génie prophétique d'Isaïe :

« Dieu des armées, vous avez transporté votre
vigne de l'Égypte, et, après avoir chassé les nations,
vous l'avez plantée en leur place.

« Vous lui avez servi de guide dans le chemin en
marchant devant elle Vous avez affermi ses racines,
et elle a rempli la terre.

« Son ombre a couvert les montagnes et ses
branches les cèdres de Dieu.

« Elle a étendu ses branches jusqu'à la mer et
ses rejetons jusqu'au fleuve.

« Pourquoi avez-vous donc détruit la muraille
qui l'environnait et pourquoi souffrez-vous que tous
ceux qui passent par le chemin la pillent?

« Le sanglier de la forêt l'a toute ruinée et la
bête sauvage l'a dévorée. »

Pourquoi tant de misères? demande David. Isaïe
répond :

« Mon bien-aimé avait une vigne sur un lieu
élevé, gras et fertile.

« Il l'environna d'une haie, il en ôta les pierres

et la planta d'un plant rare et excellent; il bâtit
une tour au milieu, et il y fit un pressoir; il s'attendait qu'elle porterait de bons fruits; et elle n'en
a porté que de sauvages.

« Maintenant donc, vous habitants de Jérusalem
et vous hommes de Judas, soyez les juges entre moi
et ma vigne.

« Qu'ai-je dû faire de plus à ma vigne que je
n'ai point fait? Est-ce que je lui ai fait tort d'atten-
dre qu'elle portât de bons raisins, au lieu qu'elle
n'en a produit que de mauvais?

« Mais je vous montrerai maintenant ce que je
vais faire à ma vigne : J'en arracherai la haie, et
elle sera exposée au pillage ; je détruirai tous les
murs qui la défendent et elle sera foulée aux pieds.

« Je la rendrai toute déserte et elle ne sera ni
taillée ni labourée ; les ronces et les épines la cou-
vriront et je commanderai aux nuées de ne plus
pleuvoir sur elle.

« La maison d'Israël est la vigne du seigneur
des armées ; et les hommes de Judas étaient le plant
auquel il prenait ses délices ; j'ai attendu qu'ils fis-
sent des actions justes et je ne vois qu'iniquité. »

La vigne fut connue de toute antiquité, vous
n'entendrez pas sans plaisir, Mesdames, les vers

du poëme de l'agriculture où Rosset trace son histoire généalogique :

Des ceps qu'il rassembla Noé forma les rangs,
Armé de la serpette, il tailla les sarments.
Sous ses pieds empourprés les raisins se foulèrent,
A ses regards surpris les flots de vin coulèrent.
L'Arménien charmé goûta le jus divin;
La Grèce, avec transport, le reçut dans son sein.
La vigne, sur les pas de chaque colonie,
Passa de l'Orient aux climats d'Ausonie.
L'Ebre en couvrit ses bords; pour posséder ses dons
Nos antiques Gaulois traversèrent les monts.
L'Eridan vit bientôt leurs mains victorieuses
Tirer le jus fécond de ses grappes vineuses.
Avant que des Romains, dans les climats gaulois,
Le Volsque arécomique eût reconnu les lois,
La vigne ornait déjà les rivages du Rhône;
Du sein de ses étangs, l'humide Maguelonne
Admirait ses coteaux de pampre revêtus;
Sous l'empire adoré du vertueux Probus,
Le Celte, au lieu de glands, par un utile échange,
Dans ses bois arrachés recueillit la vendange;
Et le Belge, à son tour, du vin de ses coteaux,
De la Vesle et du Rhin rougit les froides eaux.
La vigne parvenue aux champs de Germanie
Etendit ses rameaux jusqu'à la Pannonie;
Mais pour ses tendres fruits craignant les noirs frimats,
Du char glacé de l'Ourse elle fuit les climats,

Et l'aspect enflammé de l'ardente écliptique
Dessèche ses raisins sur les sables d'Afrique.

En effet, il paraît que les limites naturelles de la vigne se trouvent à peu près entre le 30ᵉ et le 50ᵉ degré de latitude. Outre Noé, les auteurs nomment comme premier cultivateur de la vigne Osyris, le Bacchus des Grecs, qui l'ayant trouvée dans les environs de Nisa, ville de l'Arabie-heureuse, l'aurait transportée dans les Indes. On pense que ce fut le roi Géryon qui l'introduisit en Espagne.

La patrie de la vigne paraît être la Perse. Michaux André l'a rencontrée dans le Mazanderan et Olivier l'a vue dans plusieurs parties des montagnes du Curdistan. Elle est très-commune en Crimée[1].

Comme nous l'avons dit, elle fut apportée dans les Gaules par les Phocéens, fondateurs de Marseille, elle s'avança bientôt jusqu'à Autun. Elle occupait une grande partie de nos départements méridionaux, lorsque Domitien fit arracher toutes les vignes qui croissaient dans la Gaule, à la suite d'une année où la récolte du raisin avait été aussi abondante que celle du blé avait été chétive et misérable.

[1] Baron de Tott.

Cette privation dura deux siècles. Le vaillant Probus, après avoir donné la paix à l'empire par ses nombreuses victoires, rendit aux Gaulois la liberté de planter la vigne. Ce fut un spectacle ravissant, au rapport de Demad, que de voir la foule des hommes, des femmes et des enfants, s'empresser, se livrer à l'envi et presque spontanément à cette grande et belle restauration.

Par quelque cause que ce fût, la culture de la vigne ne connut plus ses anciennes limites, le nord des Cévennes; elle gagna les coteaux du Rhône, de la Saône, le territoire de Dijon, les rives du Cher, de la Marne, de la Moselle.

Les Romains connaissaient la vigne du temps de Romulus; ce prince défendit l'usage du vin dans les sacrifices, on devait se servir de lait. Numa, par la loi Posthumia, proscrivit les libations de vin sur les bûchers, comme aussi d'user dans les cérémonies religieuses de vin de vigne non taillée. Il avait ainsi en vue d'encourager la culture de la vigne. « Mais, dit M. Couverchel, le législateur ne tarda pas à se repentir de ce qu'avait permis l'économiste. Des lois furent jugées nécessaires pour réprimer la licence que développa et favorisa l'abus de cette liqueur, non-seulement chez les hommes, mais encore chez les dames romaines. L'une de ces lois, et bien certainement la plus singulière, autorisait les parents à s'assurer de leur sobriété en leur donnant un baiser. »

« Cette mesure, raconte à son tour l'auteur de *la Corbeille de fruits*, eut ses inconvénients; on mit bientôt tant d'empressement à offrir, d'une part, la preuve de cette abstinence, et de l'autre à l'acquérir, qu'il ne fallait plus que se trouver mutuellement aimables pour se prétendre parents. »

Pline nous fournit à ce sujet diverses anecdotes :

Egnatius Mecenius tue sa femme à coups de bâton pour avoir bu du vin au tonneau ; Romulus absout le mari.

Dans ses annales, Fabius Pictor rapporte qu'une dame romaine ayant ouvert le sac où étaient les clefs de la cave, ses parents la firent mourir de faim.

Le juge Ch. Domitius condamna à perdre sa dot une femme qui, à l'insu de son mari, avait bu plus de vin que sa santé ne l'exigeait.

Le vin d'Italie avait une grande renommée si on juge que les Gaulois, arrêtés par les Alpes, rempart jusqu'alors insurmontable, se déterminèrent pour la première fois à se répandre sur l'Italie, parce que Hélicon, artisan helvétien, ayant travaillé quelque temps à Rome, en avait rapporté des figues sèches et des raisins, de l'huile et du vin d'élite. « Qu'on

les excuse, ajoute Pline, d'avoir recherché ces productions, même au prix de la guerre. »

Cependant qu'étaient-ce que ces vins? Les uns
étaient enfumés, les autres à la myrrhe, à la poix,
à l'aloès. Les vins du Languedoc et de la Provence
étaient réputés détestables si l'on n'y mêlait de l'eau
de mer, de la farine avec du miel. De nos jours, il
est vrai, qu'on compose des vins où il entre encore
un peu moins de jus de raisin.

Ecoutez M. Galtier : « La fraude consiste surtout
à mêler les vins peu colorés, les vins blancs, soit
avec des vins très-colorés, dits teinturiers, ceux
de Roussillon, du Languedoc, d'Auvergne, de
Cahors, etc.; soit avec de la lie, laquelle contient
souvent le détritus des matières qui ont servi à la
clarification, étendue d'eau et additionnée d'alcool ;
soit avec des matières colorantes, les bois d'Inde,
bleu, de campêche, de Brésil, les baies de troène,
de myrtille, de sureau, d'hyèble, de phytolaca, les
mûres, les prunelles, les pétales de coquelicots, etc.
Quelquefois on fabrique du vin artificiel avec ces
matières colorantes, de l'eau, de l'alcool, de la
crême de tartre. Les vins acides sont additionnés de
carbonate de potasse, de soude, de chaux, de lithar-
ge. On avive la couleur du vin avec de l'alun... »

18

Je ne veux pas révéler tous les secrets des fabricants de vin modernes, revenons aux anciens.

Athénée parle de vins d'Asie conservés dans de grandes bouteilles qu'on pendait au coin de la cheminée et qui acquéraient par l'évaporation et la fumée la dureté du sel.

Aristote dit que les vins d'Arcadie se desséchaient tellement dans les outres, qu'on les en tirait par morceaux et qu'on devait les faire fondre dans l'eau pour en composer une boisson.

M. Louis Judicis nous rapporte qu'il en est encore ainsi en Corse, où l'on fait fondre une tablette de vin épaissi pour en former une boisson délicieuse. (*Souvenirs de la Corse*).

En l'an de Rome 633, Caïus Gracchus, tribun du peuple, fut tué dans une sédition populaire. — Il faisait excessivement chaud cette année-là, et il paraît que l'influence caniculaire est pour quelque chose dans les révolutions. Rappelez-vous juillet 1830. — Quoiqu'il en soit, la chaleur était extrême et le soleil confit les raisins. Le vin qui en fut fabriqué se conserva pendant 200 ans, il avait pris l'aspect de miel durci.

Les vins bien en vogue ne datèrent à Rome que de l'an 600. Parmi les alcooliques, le Falerne tenait le premier rang. Le Cécube avait aussi quelque réputation. Et on en buvait !

Lucullus disait qu'enfant il n'avait jamais vu chez son père, quelque magnifique que fût le festin, servir plus d'une fois du vin grec dans un même repas.

Plus tard, ce même Lucullus, de retour d'Asie, fit distribuer au delà de cent mille cadi au peuple.

Ce n'était pas là la modération de C. Sentius, chez lequel il n'était entré de vin que par ordonnance du médecin et pour son estomac.

Les Romains étaient friands du raisin muscat et surtout de son vin. C'est ce vin que les Italiens nomment moscatello et qu'on récolte à Montefiascone. Dans l'église de Saint-Floriano, on voit le tombeau de l'allemand Fugger, mort pour avoir trop bu de ce vin. De chaque côté de son bonnet sont sculptés deux verres avec cette épitaphe singulière :

Est; est; est.
Et. propter. nimium. est,
Dominus. meus. mortuus est [1].

---

[1] Il l'est, il l'est, il l'est. Et parce qu'il l'est trop, mon maitre est mort.

On dit que Fugger, en voyageant, expédiait en coureur son secrétaire, chargé de goûter les vins et d'écrire le mot — *est* — sur les murs des auberges où le vin était bon. Arrivé à Montefiascone, le secrétaire écrivit trois fois de suite le même mot, pour indiquer la qualité supérieure du moscatello, et bientôt il les retraçait une dernière fois sur le tombeau de son maître.

Mézence porta secours aux Rutules contre les Latins, à condition qu'on lui abandonnerait les vins qui se trouveraient dans le Latium.

Cinéas, l'ambassadeur de Pyrrhus, n'en faisait point tant de cas. Frappé de l'élévation des ceps d'Aricie et faisant allusion au goût un peu âpre du vin de ce vignoble, il dit plaisamment que la mère d'un tel liquide avait bien mérité un gibet si élevé.

On a beaucoup moralisé sur l'ivresse, ce vice est malheureusement aussi vieux que le vin, et nous trouvons dans Pline un raffinement qui vous prouvera jusqu'où peut aller cette passion. Il était une croyance que le vin était un puissant contre-poison : « On va, dit notre auteur, jusqu'à employer le poison, les uns même prennent de la ciguë pour que la crainte de la mort les oblige à boire. »

La vigne n'est point ce que vous la connaissez

dans vos jardins, Mesdames, elle a parfois atteint d'énormes proportions.

A Populonium existait un Jupiter taillé dans un seul cep de vigne. Le temple de Jupiter à Métaponte était soutenu par vingt colonnes en bois de vigne Aujourd'hui encore, dit Pline, on monte au temple de Diane, à Ephèse, par un escalier dont tous les degrés ont été fournis par un seul cep de vigne de Chypre.

Les grandes portes de la cathédrale de Ravenne étaient construites de bois de vigne et les planches avaient plus de 4 mètres de hauteur, sur 10 à 12 pouces de largeur.

Strabon rapporte qu'il y avait dans la Margiane des vignes que deux hommes ne pouvaient embrasser.

Rosier *(Dict. d'Agricult.)* raconte qu'il existait autrefois à Besançon une vigne dont le tronc avait plus d'un mètre d'épaisseur au-dessus de terre.

On a vu naguère dans les châteaux de Versailles et d'Ecouen de grandes tables d'une seule planche de ce bois.

Il est mort en 1793, dit M. Fée *(Notes sur Pline)*, un pied de vigne dont le tronc avait près de 6 pieds de circonférence.

Près de Cornillon (Gard), sur le chemin de

18·

Barjac, était une vigne dont le tronc avait acquis la grosseur d'un homme et dont les rameaux ayant grimpé sur un grand chêne s'étaient étendus sur toutes ses branches. Cette seule vigne a produit une fois 350 bouteilles d'un vin fort agréable.

L'*Histoire de l'Académie des sciences de Paris* (1737) rapporte qu'un particulier nommé Bilot, menuisier à Besançon, planta en 1720, à l'un des coins de sa maison, un sarment de muscat blanc, qui s'étendit sur les murs et le toit, où l'on pratiqua une galerie en bois de 37 pieds de long sur 9 de large, pour en soutenir les branches; que de là ce cep gagna les maisons voisines qu'il couvrit également de ses rameaux. En 1751, cette vigne produisit 4,206 grappes de raisin; elle continua encore à se développer et enfin elle prit un tel accroissement qu'elle fournissait au propriétaire tout le raisin dont il avait besoin pour sa consommation et de plus un muid de vin par année.

La vigne d'Hampton-Court, près de Londres, a une réputation que personne n'ignore. Le roi George III en donna un jour à ses comédiens cent douzaines de grappes, si on pouvait les trouver. Non-seulement on les trouva, mais le jardinier déclara qu'on pouvait en cueillir encore autant sans que cela dégarnît trop la treille.

En Brie, un cep de vigne isolé, soutenu par un pommier, a produit, en 1755, deux pièces de vin.

Au rapport de Pline, la vigne qui ombrageait le portique de Livie fournit jusqu'à douze amphores, soit trois pièces de Bourgogne.

Cette année nous a offert des exemples d'une fécondité merveilleuse, particulièrement en Alsace : A Bebleinhem, près de Colmar, sur un seul pied de vigne faisant partie d'une treille de muscat rouge-gris on a compté 690 raisins, portant en moyenne chacun 120 grains, ce qui donne en totalité près de 83,000 grains. On estime que ce pied seul pourra produire plus de 70 litres de vin, quoique placé dans des conditions de végétation assez défavorables, puisqu'il est pour ainsi dire implanté dans le mur qui supporte la treille.

En Campanie on mariait la vigne au peuplier. Le cep embrasse son époux, serpente amoureusement parmi les rameaux qu'enlacent ses tiges noueuses et arrive ainsi au sommet. Sa hauteur était telle que le vendangeur faisait marché pour être, en cas de chute, brûlé et enterré aux frais du propriétaire.

Je suis obligé d'abréger mes notes, car je n'en finirais point si je voulais user des matériaux que me fournissent les divers auteurs. Il me faudrait autant de pages que d'espèces de vignes, et si Pline en a décrit 91, Bosc à son tour en avait su rassembler 1,400 au jardin du Luxembourg, et encore n'était-ce que moitié des variétés connues.

Faut-il vous énumérer les vins? Ceux de la France sont déjà bien nombreux, soixante-treize départements les fournissent, la culture de la vigne occupe 1,868,000 hectares, répartis entre 5,000,000 de propriétaires ou de cultivateurs, payant en impôt indirect 200,000,000 de francs. Faut-il vous dire : Les vins de l'Est ont le goût de pierre à fusil; ceux du Midi, le goût de cuit; ceux de Bordeaux, le goût d'encens; ceux de Bourgogne, le goût d'églantier, de rose fanée; ceux de l'Orléanais et de la Touraine, le goût de framboise et de violette pour les rouges, de fleurs de sureau pour les blancs?

Faut-il vous dire qu'outre le vin, le raisiné, le sirop et le sucre de raisin, l'alcool ou esprit-de-vin, le raisin fournit encore le tartre, le vinaigre, le vert-de-gris?

Au fond d'un noir cellier, la grappe de raisin,
Dans une urne est plongée et s'enivre de vin.
Là, d'un cuivre battu les feuilles étendues,
Dans la grappe longtemps demeurant confondues,

Le vin s'aigrit, fermente, et l'esprit exhalé,
D'une verte vapeur couvre l'airain rouillé.
Vous dont la main savante imite la nature,
Et par des traits hardis fait vivre la peinture,
Pour nous tracer le vert qui pare nos coteaux,
De cette poudre heureuse abreuvez vos pinceaux.

ROSSET.

Devrai-je ajouter : On retire de l'huile des pépins des grains, on en fait du café, on en fait du tan, etc.

Non, le pouce incliné, vous me criez : Grâce. Je termine.

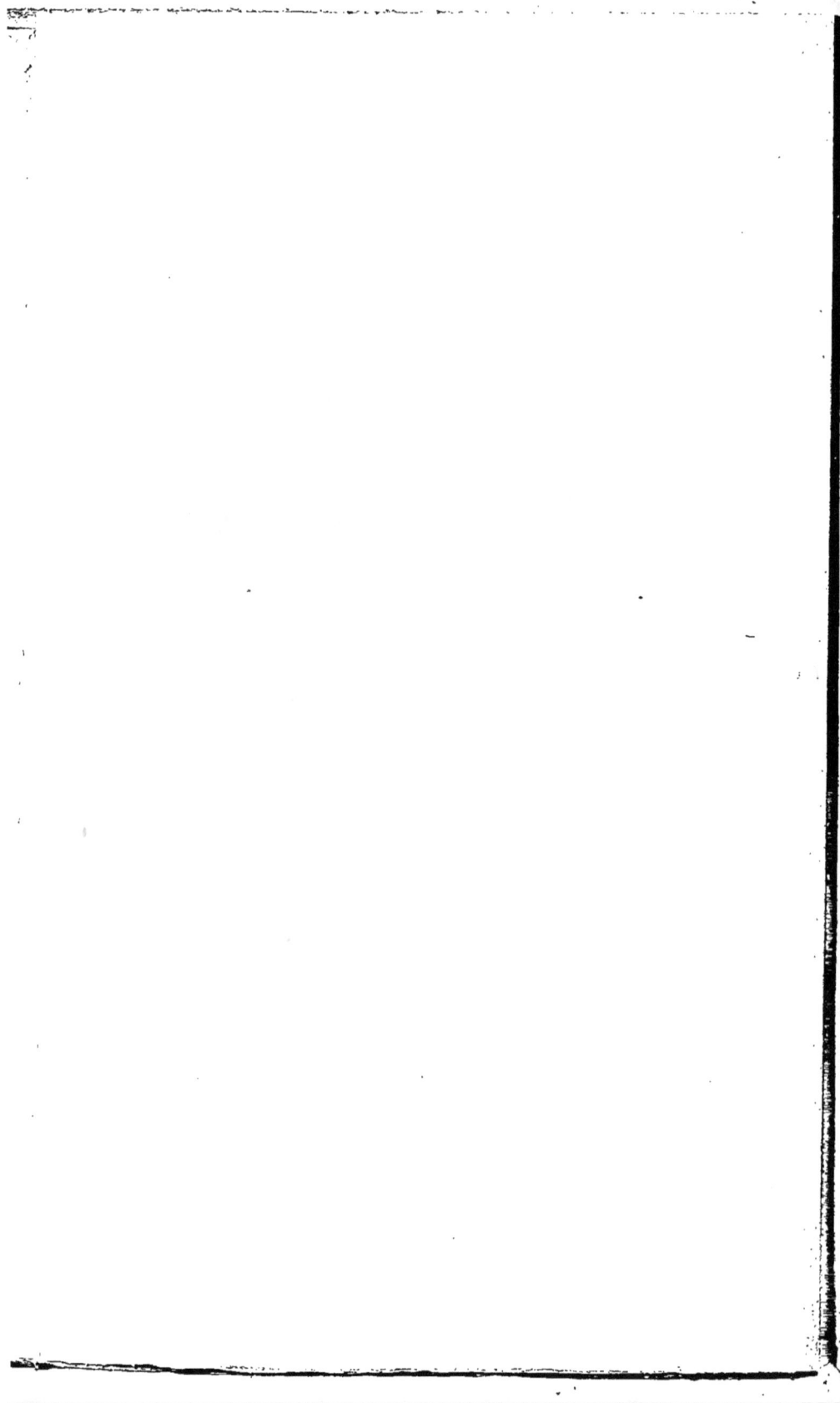

LES
PLANTES PROVERBIALES
LES PLANTES HÉRALDIQUES

MESDAMES, MESSIEURS,

Il n'y a point de renouvelé des Grecs que le noble
jeu de l'oie, et je me propose aujourd'hui de vous
montrer les proverbes, cette sagesse des nations,
passant de l'Attique en Italie, puis prenant une
forme plus moderne. Je parle des proverbes où la
botanique joue un rôle. C'est plutôt un spécimen
que je vais vous présenter qu'une étude profonde;
il pourrait être curieux de faire à ce sujet un travail complet et non plus limité à la langue française,

mais embrassant les idiomes divers des peuples euro-
péens. Du moins aurai-je fourni l'idée, abandonnant
à plus habile de lui donner ses développements.

Le proverbe, avis de morale, est une leçon
courte et facile à retenir, à la forme vive, pénétrant
comme un coin dans l'esprit.

A l'avare, les Latins, après les Grecs, jetaient
l'épithète de coupeur de cumin[1]. Le cumin est une
ombellifère dont les feuilles sont finement découpées comme celles du fenouil. Nous avons dit,
nous : Tondre sur un œuf, couper un liard en
quatre. A celui qui se mariait pour la dot de sa
femme, on disait : Tu prends du lin blanc pour
l'argent[2]; le lin signifiant ou la femme qui en faisait
usage, ou le lien qui unit deux époux. Boileau ne
songeait-il pas à ces mots en écrivant :

> . . . Deux cent mille écus avec elle obtenus,
> La firent à ses yeux plus belle que Vénus.

D'un prodigue on écrivait : Il porte du bois à la
forêt[3]. Nous avons changé le proverbe en cet autre :
Porter de l'eau à la rivière.

[1] *Cumini sector.* ERASME.
[2] *Candidum linum lucri causá ducis.* DIOGÈNE.
[3] *In sylvam ligna ferre.*

A égale distance de l'avarice et de la dépense folle, voici des règles pour vivre sagement, pour vivre heureux, savoir se contenter de son sort. Lacon avait donné à son cuisinier des viandes pour lui préparer un ragoût. Le cuisinier lui demanda du beurre pour les accommoder. — Si j'avais du beurre, répondit Lacon, je ne demanderais point de ragoût[1]. Pourquoi le cuisinier voulait-il mettre du beurre dans ses épinards?

Les vains désirs de la jeunesse, les aspirations à la volupté, ce sont les jardins d'Adonis, les jardins de Tantale, à l'aspect plein de tentations, mais ne tenant point leurs promesses creuses[2].

Il me semble que j'entends la voix d'un père de famille : Mon fils, ne sois point frivole, ne promène pas dans ta bouche un cure-dents de lentisque[3]. — C'était un signe de mollesse que de se servir de cure-dents, ces instruments, ainsi que les dentifrices, se fabriquaient avec le bois de lentisque. — Ne sois pas irréfléchi dans tes amitiés, ne joins

[1] *Si caseum (butyrum) haberem, non desiderarem opsonium.* PLUTARQUE.
[2] *Adonidis horti.* PAUSANIAS. *Tantali horti. Juveniles voluptates.* PHILOSTRATE.
[3] *Lentiscum mandere.* ÉRASME.

pas le lin au lin[1], leur union est sans force; jette les noix qui furent les amusements de ton enfance[2].

— Ainsi renonçaient aux jeux de l'adolescence les nouveaux mariés répandant les noix autour d'eux.

— Sois franc en tes discours, en tes actions; la duplicité, la calomnie, sont comme une épée de bois de figuier[3] qui se brise dans la main de celui qui s'en sert. Je ne donnerais pas une noisette trouée[4] de la société d'un homme faux.

Sois modeste, ne cherche point à te mêler à ceux qui l'emportent sur toi en science, en richesse ou en naissance, songe que le mouron ne doit pas croître parmi les plantes utiles[5].

N'aie point de toi-même une opinion trop haute, on dirait : Il est fou, il a bu de la morelle[6]. Redoute d'être accusé de manque de savoir-vivre comme celui dont on s'écrie : Il est né de rochers et de chênes[7], ainsi que naquirent des cailloux de

---

[1] *Linum lino connectis.*
[2] *Nuces relinque.* PERSE. CATULLE. VIRGILE.
[3] *Ficulna machæra.*
[4] *Viciosa nuce non emam.*
[5] *Corchorus inter olera.*
[6] *Strychnum bibi.* THÉOPHR. FLACCUS.
[7] *Ex quercubus ac saxis nati.*

Deucalion les premiers hommes, race grossière se nourrissant de glands.

Garde-toi des querelles et des procès, comme le prescrit le proverbe : Ne mangez ni aulx ni fèves[1]. — Les aulx faisaient partie des provisions des armées en campagne, et les fèves servaient comme de boules dans les scrutins des juges. —

Il y a en ta jeunesse un grand espoir, tu es dans les herbes encore[2], promettant des fruits ; ne consume pas ton temps en travail inutile comme celui qui s'amuse à percer des grains de mil[3]; la vie est courte, ne la passe point en vains désirs, ce qui ne peut être rappelé ne mérite pas un regret, on ne doit pas rechercher la rose que l'on a négligée[4], car une fois qu'on l'a abandonnée sur sa route, elle tombe sans retour; le travail est nécessaire pour obtenir quelque chose, et celui qui veut manger la noix doit en briser l'enveloppe[5], la jeunesse est le temps du travail, il passe et ne revient plus; pro-

[1] *Ne allia comedas et fabas.*
[2] *In herbis.* ERASME.
[3] *Milium terebrare.* Idem.
[4] *Rosam quam prœterieris ne quœras iterum.*
[5] *Qui e nuce nucleum esse vult, frangit nucem.* PLAUTE.

fite de ton adolescence comme on profite de la
saison propice pour recueillir les fruits [1]. Fournis à
ton esprit des mets fortifiants, le lutteur prépare
son corps au combat en mangeant du cresson [2] exci-
tant. Fuis les mauvaises compagnies, si l'argile
prend à l'ambre son parfum, il ne saurait naître des
roses des squilles [3]; celui qui se repose sur un ami
mauvais est semblable à l'imprudent qui s'appuie
sur un bâton de bois de figuier [4], le bâton se casse
et ses débris percent la main. Agis enfin de telle
sorte que tes actions te méritent une gloire éter-
nelle, que l'histoire de ta vie soit digne d'être
écrite sur des tablettes de cèdre incorruptible [5].

Voilà certes d'éloquentes recommandations.

Un barbouilleur de petit étage avait réussi à
peindre assez bien un cyprès, aussi en mettait-il
à tout propos dans ses compositions. Un jour, un
homme échappé à la tempête qui avait brisé son
navire va lui demander un tableau de naufrage

[1] *Nunc leguminum messis.* SUIDAS.
[2] *Ede nasturtium.*
[3] *E squilla non nascitur rosa.* THÉOGNIS.
[4] *Scipioni arundineo inniti.*
[5] *Digna cedro.*

avec son portrait. — « Fort bien ! reprend le peintre, y placerai-je aussi un cyprès. »

Le mot [1] peindre un cyprès resta comme proverbe
pour ceux qui, ne sachant qu'une chose, la mettent
sans cesse en avant.

Un homme prenait-il une peine inutile pour un
but impossible? Secoue un autre chêne[2], lui criait-
on, par allusion à l'avertissement donné aux cueil-
leurs de glands agitant un chêne dépouillé de ses
fruits.

Nous disons familièrement d'un homme contre
lequel nous avons du ressentiment : Il m'a vendu
des pois qui n'ont pas voulu cuire. Chez les Latins,
le proverbe était : On me jettera ces pois à la tête[3],
comme on jetait à la tête du cuisinier les fèves mal
cuites.

Ce légume donnait naissance à bien d'autres
locutions vulgaires. C'est aux anciens que nous

---

[1] *Simulare cupressum.*
[2] *Aliam quercum excute.*
[3] *In me hæc cudetur faba.*

devons celui qui établit un rapport entre la folie et
la floraison des fèves :

> Lorsque la fève fleurit
> Le nombre des fous grandit[1].

Abstenez-vous des fèves[2], prenez garde de vous
souiller. On sait que le contact des morts était con-
sidéré comme une souillure. Or, la fève était consacrée aux morts, dans ses fleurs on voyait une sorte
de caractères de deuil. Ce sont les dessins noirs sur
le blanc de la corolle. Chez les Romains, le fla-
mine ou prêtre de Jupiter ne devait ni toucher, ni
même nommer les fèves.

Ces légumes figuraient aux cérémonies funèbres
nommées Lémuries ou Lémurales. « A minuit, le
père de famille sortait de son lit, remplissait sa
bouche de fèves noires et se rendait à une fontaine
en faisant claquer ses doigts pour éloigner les ombres. Puis, après s'être lavé les mains, il s'en
retournait en jetant derrière lui les fèves qu'il avait

---

[1] *Cum faba florescit.*
Stultorum copia crescit.
[2] *A fabis abstineto.* PLATON. PLUTARQUE. PYTHAGORE.

dans la bouche et en répétant neuf fois : Je me
rachète, moi et les miens, avec ces fèves. » (AUDOUIT.
Herb. des demois.)

Au scrutin pour la nomination des magistrats, on
votait avec des fèves; les ambitieux qui corrom-
paient les électeurs et achetaient des suffrages étaient
dits écornifleurs de fèves[1].

De nos jours, la fève nomme encore un magistrat,
le roi du 6 janvier, monarque d'une soirée, et qui
à la huitaine relèvera son royaume.

D'un critique sévère on disait . Il a plus d'aloës
que de miel[2].

Du flatteur, au contraire, on s'écriait : Il désire
des figues[3]. Aristophane nous donne l'explication de
ces paroles. Les habitants d'Athènes avaient coutume de louanger beaucoup ceux des champs, d'avoir
l'air de s'intéresser à leurs travaux et de leur prédire
une grande abondance de figues, afin que les campagnards, dans un moment de reconnaissance, leur
promissent une part dans leur récolte C'était la
flatterie intéressée. Mais pour l'homme aimable,

[1] *Fabarum arrosor.*
[2] *Plus aloes quam mellis habet.*
[3] *Ficum cupit.*

pour le courtisan des dames, on avait une autre expression. Il parle de roses[1].

Pas plus que de nos jours, il n'était donné à tout le monde d'avoir des formes agréables, plus d'un lourdeau, voulant faire le gracieux, plus d'un maître Aliboron imitant le petit épagneul, faisait dire tout bas aux dames romaines : Il a des lèvres comme des laitues sauvages[2]; proverbe venu de l'âne qui, de ses lèvres rudes, broie les chardons. Un être grossier n'est propre qu'aux choses grossières.

— D'où sortez-vous donc? disait un citoyen de Rome à un habitant d'Arpinum, au Forum.

— Je viens des Rostres, très-cher ! j'ai un procès, voilà deux heures que parle l'avocat et il est encore dans le persil[3].

Vous eussiez demandé à coup sûr, Mesdames, l'explication de ce rébus, n'osant vous arrêter aux idées malignes que peut vous donner le souvenir du persil et de certain oiseau bavard auquel on compare quelques orateurs et pour lequel le persil est mortel.

Voici pour satisfaire à votre curiosité. On avait

---

[1] *Rosas loqui.*
[2] *Similia habet labra lactucis.*
[3] *Nec inter apia quidem est.*

pour habitude de planter du persil à l'entrée des jardins, et toutes les fois qu'un visiteur n'avait pas pénétré dans l'intérieur du jardin, on disait : Il est encore dans le persil. De même de l'avocat qui se perdait dans les préliminaires sans en venir au fait.

La foi dans l'influence de la corde de pendu avait été précédée de la croyance à celle du bâton de laurier. Un homme échappait-il aux périls : Il porte une canne de laurier, disait-on [1].

Si les Espagnols comparent le teint des jeunes filles de la Havane à la couleur des fruits de l'olivier [2], Démétrius de Phalère appelle les gens à la figure bronzée des clématites d'Egypte [3].

Un homme passe de la médiocrité au luxe, il est arrivé du gland au blé, par allusion à la nourriture de l'homme primitif et à celle de l'homme ayant

[1] *Laureum baculum gesto.* SUIDAS.

[2] *Las muchachas*
De la Havana
Tienen color
De aceituna.

(Chans. espag.)

[3] *Clematis Ægyptia.*

amélioré sa condition: assez de chêne[1], s'écrie-t-il.

Je vous ai déjà expliqué ces locutions : Boire de l'hellébore, de la mandragore.

Un homme a vu de nombreuses années, il a vécu pendant de longues olympiades ; il a mangé les glands de Jupiter dans beaucoup de fêtes[2].

Le temps de cuire un œuf, dit-on pour marquer le peu de temps nécessaire à quelque chose. Octave-Auguste employait ce mot : Plus vite qu'on ne cuit des asperges[3].

L'oignon servait à Rome à verser des pleurs hypocrites. L'origine du proverbe : Manger des oignons[4] remonte à Bias, répondant à Alyatte, roi de Lydie.

Au lieu de : La moutarde après dîner, les anciens disaient : Le lierre après les Anthisteries[5]. Les Anthisteries étaient les fêtes de Bacchus pendant lesquelles on se couronnait du lierre qui lui est consacré.

[1] *Satis quercus.*
[2] *Multorum festorum Jovis glandes comedit.*
[3] *Citiùs quàm asparagi coquuntur.*
[4] *Cœpas edere.*
[5] *Hœdera post Anthisteria.*

Après le tonnerre, la pluie; répondait philoso-
phiquement Socrate quand sa femme Xantippe,
l'ayant accablé d'insultes, finit par lui jeter un pot
d'eau à la tête. Après les feuilles tombent les arbres,
dit Plaute[1], pour marquer que les injures légères
ne sont que le prélude de plus graves.

L'homme qui insulte est comparé au laurier[2] dont
la feuille crépite en brûlant.

Comme deux gouttes d'eau, terme de comparaison, était autrefois : Comme deux figues.

Léger comme le liége, a été employé par Horace
et Plutarque.

Plaute[3] parle d'un homme qui s'abuse, comme
Ovide[4]: Il a dans l'œil de l'ivraie. Aujourd'hui on
dit vulgairement : Se mettre le doigt dans l'œil.

« La mauve était le symbole de la douceur, d'où
le précepte de Pythagore : « Semez de la mauve,
mais n'en mangez pas. » Ce qui voulait dire :
Soyez doux pour les autres, sévère pour vous. Je

---

[1] *Post folia cadunt arbores.*
[2] *Clamosior lauro ardente.*
[3] In milite.
[4] *Et careant loliis oculos vitiantibus agri.*

ne sais si les anciens suivaient exactement ce précepte; mais ce qu'il faut bien reconnaître, c'est que
dans notre siècle le contre-pied est le plus souvent
mis en pratique. Nous sommes pour nous d'une
extrême indulgence et nous exerçons envers nos
semblables une sévérité tyrannique, ce qui ne nous
empêche pas de dire, avec une touchante bonhomie,
dans les prières que nous adressons à Dieu : « Par-
« donnez-nous nos offenses comme nous pardon-
« nons à ceux qui nous ont offensés. » Nous serions
souvent bien malheureux si le Seigneur exauçait nos
vœux à la lettre. » Audouit.

La Fontaine a dit :

Lynx envers nos pareils et taupes envers nous,
Nous nous pardonnons tout et rien aux autres hommes.

J'aurais à relever bien d'autres proverbes em-
pruntés à la botanique, mais je dois me borner à
vous montrer maintenant comment les fleurs ont
été appelées à jouer un rôle dans la science héraldique, dans l'art du blason.

D'abord les plantes empruntèrent leurs noms
aux individus. Ainsi, la vipérine, comme rapporte

naïvement un vieil auteur. (PIERRE PALLION, *la vraye et parfaite science des armoiries*) :

« Cette herbe a pris son nom *alcibiacum* et *alcibiadion* du bon Alcibias, lequel a trouvé premier en icelle remède contre toutes morsures de serpent. Car, comme dit Nicander l'ancien, Alcibias dormant fut frappé d'un serpent, par quoi s'éveillant et voyant cette herbe, il la print en sa bouche et mâcha, avalant le jus d'icelle, puis mit l'herbe ainsi mâchée sur la plaie et fut guéri. »

« Un jouvenceau appelé *Crocus* s'en alla jouer aux champs avec Mercure pour jeter le palet, et comme il ne se donnait garde, il fut inconsidérément atteint en la tête par Mercure et bien blessé, dont incontinent mourut. Or du sang d'icelui épanché sur la terre vint croître le safran. » (GALLIEN, *IX° livre, de medicamen.*)

L'hellébore fut nommée *melampodium*, « Pour ce qu'un berger appelé Melampus, en Arcadie, a curé par cette herbe les filles de Prætus qui étaient folles et hors de sens. »

La pivoine prit son nom, *pœonia,* au docteur Péon qui en faisait usage pour guérir des blessures.

La centaurée fut ainsi appelée du centaure Chiron qui s'en servit pour une blessure qu'il se fit au pied avec une flèche en recevant Hercule son hôte. (PLINE, liv. XXV.)

Un jour ce fut le contraire, les plantes donnèrent leur nom aux hommes.

Les Pisons prirent le leur aux pois; les Fabius, à la fève; Cicéron, au pois chiche — *cicer* — il en portait un sur le visage; Lentulus, à la lentille; Cæpio, aux oignons — *cœpa;* — Tubero, à la truffe — *tuber*.

Puis ce furent les Gaulois, les Francs : Arnault — *arn*, en langue romance, fruit des côteaux; La Boissière, Buissière, Bussière — *buis*; Couderc - pâturage commun; Wautier, Gaulthier, Gautier — forêt, *Waud, Wald, Gaud* en teuton et dans les idiomes germaniques; Warnier, Garnier, La Vergne, Vergne — aulne, sapin, *warn* en teuton; Barthe — bouquet de bois, en romance; La Blache — plant de chênes ou de châtaigniers; Breuil, Bruil, Dubreuil — lieu planté d'arbres.

En français : Duchesne, Duchesnois, Dufresne, Pommier, Cerisier, Poirier, Delorme, Dunoyer, Ducoudray, Dulaurier, Dulaurens, Castain (châtaignier), Cormier, Meurier, Prunier, Pruneau, Figuier, Sorbier, Pin, Dupin, Saule, De Saule,

De Silve, Olivier, Lemaronnier, Palmier, Aune,
De Laune, Launoy, Rouvre, Du Rouvre, Rouvière,
Chenaye, Chenu, Pommeraye, Cerisaye, Fresnaye,
Chataigneraye, Houssaye, Charne, Vigne, Lavigne,
Genêt, Blé, Mill, Rosier, Fraisier, Persil, Chou,
Caulet, Porreau, De la Luzerne, Lespine, L'Epinay,
Plantin, Sureau, Racine, Rose, Hyacinthe, Mar-
guerite, Guy, Violette, Bluet, Julienne, Deslys,
Fleury, etc.

Vous avez encore présentes à l'esprit les ingénieuses recherches d'un de vos savants modestes[1]
sur les origines des noms.

Les pays, les villes, prirent à leur tour des plantes
pour armoiries parlantes. Les épis figurèrent aux
blasons antiques, aux médailles, aux monnaies de
Métaponte, deux épis barbus, indiquant la fertilité
du territoire; de Sagalasse, épis et branche de
vigne; d'Edesse, trois épis; d'Elée en Eolie, quatre
épis et un pavot; d'Amphipolis de Macédoine; de
Sébaste, en Galatie; de Nacolée, en Phrygie; d'E-
giale, île de la Grèce.

Athènes eut l'olivier; Rhodes, des roses; Ascalon,
une femme tourrelée avec des feuilles d'échalotte;

[1] M. Hercule Bourdon, juge au tribunal de Lille.

Sidé, en Pamphylie, Minerve avec une grenade, σιδn; l'île de Mélos, des melons.

Bosra, ville de la Syrie arabique, dut son nom à ses vignobles; elle eut pour symbole un grand pressoir et le mot *Doysaria*, nom des jeux de Bacchus, *Dusaris* en arabe.

Chio et Cydon, en Grèce, portaient pour attribut une grappe de raisin, ainsi Mycone, Naxos, Ténédos ; Maronée, fondée, dit-on, par Maron, cocher de Bacchus, avait les mêmes armes.

Le lotus figurait sur les monnaies d'Egypte; celles de Vespasien montrent la Judée sous la forme d'une femme assise plaintive sous un palmier.

Dans les armoiries des diverses maisons nobles se retrouvent fréquemment des figures de plantes formant des armes parlantes.

Duchêne, d'azur à un chêne d'or; Rovère, d'où sortit le pape Sixte IV, idem ; De Roure (Languedoc), d'azur au chêne de quatre branches, passées en sautoir, englanté d'or.

Les armes des druides, ainsi que le constatent de vieux bas-reliefs, étaient d'azur à la couchée du serpent d'argent surmontée d'un gui de chêne garni de ses glands de sinople. (DUCLOS. *Acad. des Inscriptions et Belles-Lettres*, t. XIX.)

Les Créquy portent d'or au creque de gueules

(*créquier* ou *créque*, en picard, prunier). Pinsonnat
(Bourgogne), d'azur au pin d'or; Pinart, trois pommes de pin. Du Perrier, d'or au poirier de sinople.
Du Fresne, d'or au frêne de sinople. Nogaret, d'argent à noyer de sinople. La Saulsaye, d'argent à
trois saules de sinople. De Vignoles, de sable, au cep
d'argent, soutenu par un échalas de même.

Noailles, d'or semé de noyaux de cerises, avec
la queue de gueules, au loup ravissant de même.

Genas (Dauphiné), d'or au genêt de sinople.
Castagna (Italie), d'où sortit Urbain VII, une châtai-
gne. Fougères (Bretagne), d'or à une plante de fougère de sinople. Cardonne (Espagne), trois chardons.

Chisseret (Dijon), d'azur à trois pois chiches
cossés d'or, *ciceres Ciceronis*, portés d'argent, etc.
Frizon, d'azur à trois fraises de gueules feuillées de
sinople. De Villy, de gueules à trois fleurs de vio-
lettes feuillées d'argent. Plantade, d'or, chef de
gueules, à neuf feuilles de plantain de sinople.
Favas (Limousin), deux tiges de fèves.

En Espagne, les familles descendues du comte
de Romaes portent, en mémoire de sa retraite à
Sainte-Marie de l'Ortie, où il se retira après l'enlè-
vement d'une princesse royale d'Angleterre, d'or à
trois plantes d'ortie de sinople sur trois mottes de
terre mouvantes.

20·

Aplepy, Apwlton, ancienne famille de Norfolk (Angleterre), portent : l'un d'argent à bande de sable, chargée de trois pommes d'or; l'autre d'argent à trois pommes de gueules (en anglais, *apple* signifie pomme).

De Pommereuil, d'azur à chevron d'or avec trois pommes de même.

Chauvelin (cau, chou, veleno, venin), d'argent au chou de sinople, le tout accolé d'un serpent d'or.

Millière (Dijon) avait des épis de millet d'or, sur azur; d'Orgemont remplaçait le millet par l'orge; Campdaveine par l'avoine; Seigle (Vivarais) par le seigle; Aust portait de sable à trois gerbes d'or liées de gueules; Grangier, médecin de Gaston de France, de gueules à une gerbe d'or.

L'un des quinze papes du nom de Grégoire avait adopté le fruit du grenadier dans lequel il voyait un symbole de l'Eglise qui réunit dans une foi commune un grand nombre de nations comme la grenade dans une seule écorce rassemble une multitude de grains.

Le souci entra dans les armoiries, mais assez rarement, et comme dit notre vieil auteur : « Beaucoup l'ont plus en la tête que n'en portent la fleur que quelques-uns mettent en leurs écus. »

Marguerite de Valois, sœur de François 1er,

avait pris pour emblème une fleur de souci tournée vers le soleil avec cette devise : « Je ne veux suivre que lui seul, » ce qui exprimait que son âme était constamment dirigée vers le ciel.

Selon la fable, les soucis auraient eu pour origine les pleurs de Vénus, et c'étaient leurs fleurs que Proserpine cueillait au pied du mont Etna. Elle en emportait un bouquet lorsqu'elle fut enlevée aux Enfers, de là l'odeur forte et pénétrante du souci.

L'une des couleurs héraldiques, le rouge, a pris son nom gueules à la rose rouge, appelée en langue orientale *ghul* ou *gheul*, d'où on a fait Gulistan, empire des roses.

« Nulle rose sans espines sinon en armoiries : ie veux dire en peinture : ie faux, il y a des espines partout ; tant de braues caualiers qui ont merité l'honneur d'auoir droit de banniere et de porter des escus armoiriés ne les ont-ils pas acquis au prix de leur sang ? N'est-ce pas l'espine des fatigues qui les a piqués auant que d'auoir pû ceüillir la rose, récompense de leurs trauaux. Saint Basile dit bien qu'a la naissance du monde les roses estoient sans espines, et que depuis elles eurent des pointes à mesure que les hommes commencerent a mepriser sa beauté; mais qui ne voit que c'est vne sainte

fiction, pour nous apprendre que lors que nous abu-
sons des graces que Dieu nous fait, nous deuons
estre a l'instant piqués du repentir : ou bien pour
nous faire entendre qu'il n'y a point de medaille
qui n'ait son reuers, point de contentement qui
nous puisse arriuer, que nous ne ressentions en
mesme temps quelque desplaisir. » (PIERRE
PALLIOT.)

La rose était gravée sur les pièces de monnaie
— le noble à la rose — ainsi que la marguerite,
la pâquerette. On nommait ces monnaies : fleurettes. « Cette ingénieuse innovation monétaire
avait été créée par les anciens chevaliers qui pen-
saient éloigner ainsi la répugnance que les dames
ont à recevoir ces métaux précieux à titre de rede-
vance ou de présent. Il était de bon ton de se servir
de fleurettes, comme il l'est aujourd'hui de ne payer
qu'en philippes, en louis ou en napoléons. » AUDOUIT.

Certains ordres de chevalerie avaient pris leur
dénomination aux plantes. L'ordre de Bretagne ou
de l'hermine fut appelé de l'Epi ; le grand collier
était fait d'épis de blé en or entrelacés en sautoir et
liés en haut et en bas par deux cercles d'or.

L'ordre du Chardon et de la Rue fut institué par

Achaïus, roi d'Ecosse, contemporain de Charlemagne, avec lequel il fit alliance pour se défendre contre ses ennemis puissants. Qui osera m'attaquer? disait-il; et il prit cette devise : « Pour ma défense. » Le chardon pique ceux qui l'approchent; la rue, par son odeur forte, met en fuite les serpents.

Ce même Charlemagne, après le désastre de Roncevaux, fut consolé de la perte de ses soldats et de celle de son neveu Roland par une carline dont un ange vint lui faire hommage, raconte un légendaire.

La carline est un chardon à fleurs d'un jaune brillant, aux rayons durs et pointus.

« Il est assez difficile d'interpréter cette fiction, dit M. Audouit, cependant on ne serait peut-être pas trop éloigné de son véritable sens en pensant que la carline qui consola Charlemagne ne fut autre chose que la couronne d'Occident que le pape Léon III, l'ange sans doute des chroniqueurs, lui plaça sur la tête. »

A cela, il n'y a qu'un léger inconvénient. La bataille de Roncevaux eut lieu en 778, et Charlemagne ne fut sacré empereur à Rome qu'en l'an 800, le jour de Noël. La consolation mit du temps à venir.

Le docteur Hoefer fait dériver le nom de la carline de Charles-Quint dont l'armée attaquée de la
peste en Barbarie, 1552, fut guérie par cette plante.

En 1234, lors du couronnement de sa femme
Marguerite, Louis IX institua l'ordre de la Cosse de
genest. Louis tenait cette herbe pour marque et
symbole de l'humilité, qui était l'une des plus éclatantes vertus qu'il possédait.

Ce même roi si pieux prit pour emblèmes un
crucifix, des lis et une marguerite, par allusion à
son amour pour la religion, la France et sa femme.

En 1399, Henri IV d'Angleterre fondait l'ordre
du Bain dont la décoration consiste en une croix de
Malte, à huit pointes; au milieu : la rose, le chardon et le trèfle, emblèmes de l'Angleterre, de
l'Ecosse et de l'Irlande, et pour devise : *Tria juncta
in uno*.

Avant son abdication, la reine Christine de Suède
institua en 1653 l'ordre des chevaliers de l'Amarante dont la décoration était une amarante en émail
sur une médaille d'or avec ces mots : *Dolce nella
memoria*, en sa douce mémoire.

« Dans le premier blason de notre Gaule, nous
voyons les lauriers du Méandre et les myrtes de
Gnide s'enlacer à la verveine des Velléda et au gui

religieux des druides. » (D. Martin, *Religion des Gaules.)*

« La Gaule était tantôt une puissante fée, couronnée de la verveine dont les prophétesses des Germains et des Gaulois ceignaient leur front ou de la fleur de genêt que les nécromanciens allaient cueillir dans l'antique Neustrie, tantôt armée de la baguette des enchanteurs. » Marchangy.

« Lorsque des ambassadeurs devaient avoir une entrevue, on les couronnait de verveine, ce qui donnait à leur esprit une tendance irrésistiblement pacifique. Si, dans un festin, l'abandon et la gaîté n'étaient pas assez francs, on faisait sur les convives une légère aspersion avec un rameau de verveine, et tout à coup ils éprouvaient le besoin de se jeter dans les bras les uns des autres pour épancher leur allégresse. Cette merveilleuse plante guérissait aussi toutes les maladies. » Audouit.

« Les druides la recueillaient avec de grandes cérémonies en y mêlant beaucoup de superstitions; on ne devait l'arracher qu'à la pointe du jour, au moment où la canicule se levait; il fallait auparavant offrir à la terre un sacrifice d'expiation où les fruits et le miel étaient employés. » Hoefer.

Son nom est formé des mots : *Veneris vena*, veine de Vénus, parce que la plante entrait dans la composition des philtres.

La simplicité des Clovis, des Sigebert, des Clotaire, des Charles, était remarquable. Cent fois plus opulents que les Alcinoüs et les Evandre, ils avaient pour tout jardin quelques arpents où la culture peu recherchée mêlait aux légumes nourriciers les roses, les romarins, les lis et les pavots que les rois semaient eux-mêmes; un groupe de pommiers dont le fer n'émondait pas les rameaux; quelques cerisiers de Lusitanie; le néflier, l'arbre le plus ancien des Gaules; un berceau de vignes et de figuiers; une source qui jaillissait entre des pierres grisâtres où le lierre tressait ses branches et qui murmurait cachée entre les herbes fleuries; tels étaient les ornements de ces royales solitudes. On y semait aussi beaucoup de tournesols pour indiquer les divisions de la journée.

Terminons donc cette lecture par la fleur qui longtemps parsema l'étendard des Francs, par la fleur du lis.

On a beaucoup écrit, beaucoup disputé sur le plus ou moins de véracité de l'assertion qui place les lis dans les armes de la France. Les uns y ont vu des crapauds, d'autres des abeilles, d'autres encore le fer d'une pique, enfin il en est qui y ont vu les glaïeuls de la Lys, cette rivière que vous connaissez et qui borne le territoire à la frontière belge.

Quoi qu'il en soit, un auteur a cru devoir faire remonter au déluge l'origine des fleurs de lis. Goropius dit que les Francs reçurent les fleurs de lis de Japhet après la dispersion des enfants de Noé. Goropius eut été bien empêché de citer son auteur.

Je vous redirai la charmante fable de Bernardin de Saint-Pierre :

« Cérès venait de chercher par toute la terre sa fille Proserpine; elle retournait dans la Sicile, où elle était adorée ; elle traversait les Gaules sauvages, leurs montagnes sans chemins, leurs vallées désertes et leurs sombres forêts, lorsqu'elle se trouva arrêtée par les eaux de la Scine, sa nymphe, changée en fleuve.

« Sur la rive opposée de la Seine se baignait alors un bel enfant aux cheveux blonds, appelé Loïs. Il aimait à nager dans ses eaux transparentes et à courir tout nu sur ses pelouses solitaires. Dès qu'il aperçut une femme, il courut se cacher sous une touffe de roseaux.

« Mon bel enfant, lui cria Cérès en soupirant,

21

venez à moi, mon bel enfant ! » A la voix d'une femme affligée, Loïs sort des roseaux, il met, en rougissant, sa peau d'agneau suspendue à un saule ; il traverse la Seine sur un banc de sable, et, présentant la main à Cérès, il lui fraie un chemin au milieu des eaux.

« Cérès, ayant passé le fleuve, donne à l'enfant Loïs un gâteau, une gerbe d'épis et un baiser ; puis elle lui apprend comment le pain se fait avec le blé et comment le blé vient dans les champs. « Grand « merci! belle étrangère, lui dit Loïs, je vais por- « ter à ma mère vos leçons et vos doux présents. »

« La mère de Loïs partage avec son enfant et son époux le gâteau et le baiser. Le père, ravi, cultive un champ, sème le blé. Bientôt la terre se couvre d'une moisson dorée, et le bruit se répand dans les Gaules qu'une déesse a apporté une plante céleste aux Gaulois.

« Près de là vivait un druide ; il avait l'inspection des forêts; il distribuait aux Gaulois, pour leur nourriture, les faînes des hêtres et les glands des chênes. Quand il vit une terre labourée et une moisson : « Que deviendra ma puissance, dit-il, si « les hommes vivent de froment ? »

« Il appelle Loïs : « Mon bel ami, lui dit-il, où « étiez-vous quand vous vîtes l'étrangère aux beaux

« épis? » Loïs, sans malice, le conduit sur les bords de la Seine. « J'étais, dit-il, sous ce saule « argenté, je courais sur ces blanches marguerites ; « j'allai me cacher sous ces roseaux, car j'étais « nu. » Le traître druide sourit : il saisit Loïs et le noie au fond des eaux.

« La mère de Loïs ne revoit plus son fils, elle s'en va dans les bois et s'écrie : « Où êtes-vous, « Loïs! Loïs! mon cher enfant ! » Les seuls échos répètent Loïs! Loïs! mon cher enfant ! Elle court tout éperdue le long de la Seine ; elle aperçoit sur son rivage une blancheur. « Il n'est pas loin, dit-elle ; « voilà ses fleurs chéries, voilà ses blanches mar- « guerites. » Hélas ! c'était Loïs, Loïs, son cher enfant.

« Elle pleure, elle gémit, elle soupire ; elle prend dans ses bras tremblants le corps glacé de Loïs ; elle veut le ranimer contre son cœur, mais le cœur de la mère ne peut plus réchauffer le corps du fils, et le corps du fils glace déjà le cœur de la mère ; elle est près de mourir. Le druide, monté sur un roc voisin, s'applaudit de sa vengeance.

« Les dieux ne viennent pas toujours à la voix des malheureux ; mais aux cris d'une mère affligée Cérès apparut. « Loïs, dit-elle, sois la plus belle « fleur des Gaules. » Aussitôt les joues de Loïs

se développent en calice plus blanc que la neige ;
ses cheveux blonds se changent en filets d'or :
une odeur suave s'en exhale. Sa taille légère se lève
vers le ciel ; mais sa tête penche encore sur les bords
du fleuve qu'il a chéri. Loïs devient lis.

« Le prêtre de Pluton voit ce prodige, et n'en
est point touché ; il lève vers les dieux supérieurs
un visage et des yeux irrités ; il blasphème, il menace Cérès ; il allait porter sur elle une main impie,
lorsqu'elle lui cria : « Tyran cruel et dur, de-
« meure. »

« A la voix de la déesse, il reste immobile ;
mais le roc ému s'entr'ouvre ; les jambes du druide
s'y enfoncent ; son visage barbu et enflammé de
colère se dresse vers le ciel en pinceau de pourpre ; et les vêtements qui couvraient ses bras meur-
triers se hérissent d'épines. Le druide devient
chardon.

« Toi, dit la déesse des blés, qui voulais nourrir
« les hommes comme les bêtes, deviens toi-même
« la pâture des animaux : sois l'ennemi des mois-
« sons après ta mort, comme tu le fus pendant ta
« vie. Pour toi, belle fleur de Loïs, sois l'orne-
« ment de la Seine, et que dans la main des rois
« ta fleur victorieuse l'emporte un jour sur le gui
« des druides. »

DU

LANGAGE DES FLEURS

Je ne terminerai pas ces lectures, auxquelles vous avez accordé une si bienveillante attention, sans vous parler du langage des fleurs, langage emprunté d'abord à la nature, puis développé par l'art et par l'imagination enchantée des poëtes et des femmes.

Quel charme n'éprouvons-nous pas à retrouver entre les feuillets d'un livre, depuis longtemps fermés, le pétale d'une rose ou d'une tulipe, une pensée ou une violette desséchée !

Les fleurs vivantes ont des attraits bien plus vifs encore. Voici le liseron d'un bleu céleste qui s'épanouit avec les premiers rayons du jour, c'est l'ami de la mansarde dont il encadre et égaie la fenêtre.

Il semble dire au papillon : « Je suis beau, mon calice humide et frais appelle les baisers de la brise et du soleil.. Hâte-toi de m'aimer, car mon règne est de courte durée. » Chaque soir il ferme ses feuilles fatiguées et s'endort bercé par les rêves de la nuit, ému encore peut-être des souvenirs du jour.

« Il est temps de se lever et d'aller aux champs, dit le fermier à sa famille, car le liseron des haies vient de s'entr'ouvrir. »

« Allez, allez sans crainte, jeunes filles, au sein de la prairie. Le souci d'Afrique a déployé sa corolle avant sept heures du matin et la journée se passera sans orage. »

Les fleurs sont de véritables baromètres, elles indiquent le temps, elles en marquent les divisions, les heures et les mois.

> Dans leurs plus légers mouvements
> L'observateur voit un présage :
> Celle-ci, par son doux langage,
> Indique la fuite du temps
> Qui la flétrit à son passage.
> Sous un ciel encor sans nuage,
> Celle-là, prévoyant l'orage,
> Ferme ses pavillons brillants ;
> Et sur les bords d'un frais bocage,
> Sommeille au bruit lointain des vents.

Si l'une, dès l'aube éveillée,
Annonce les travaux du jour,
Et sur la prairie émaillée,
S'ouvre et se ferme tour à tour,
L'autre s'endort sous la feuillée,
Et du soir attend le retour
Pour marquer l'heure de l'amour,
Et les plaisirs de la veillée.
Le villageois, le laboureur
Y voit le sort de sa journée ;
Le temps, le calme, la fraîcheur,
Les biens et les maux de l'année,
Il lit toute sa destinée
Dans le calice d'une fleur.

(Aimé Martin. — *Lettres à Sophie.*)

Les sauvages de l'Amérique partagent l'année en mois lunaires ; voici celles de leurs appellations qui ont trait à la botanique :

Juin...... la lune des fraises.
Juillet.. .. — des fruits brûlés ou des cerises.
Août...... -- des feuilles jaunes.
Septembre.. — des feuilles tombantes ou de la folle avoine.
Octobre.... — de la fin de la folle avoine.
Mai....... — des nids et des fleurs.

Pour le vieillard, les années se comptent par neiges ; pour la jeune fille, par fleurs.

A deux heures du matin, le salsifis jaune ouvre sa corolle ; à trois heures, le liseron des jardins ; à quatre heures, la chicorée sauvage ; à cinq heures, l'hémérocalle ou lis jaune ; à six heures, le pissenlit ; à sept heures, le souci ; à huit heures, le mouron blanc ; à neuf heures, le mouron rouge ; à dix heures, la glaciale ; à onze heures, le pourpier ; à midi, les ficoïdes.....

Les anciens désignaient les heures par des bouquets de fleurs diverses, comme de notre temps on marque les jours par des fleurs différentes.

Mais c'est du langage des fleurs que je dois vous parler, revenons aux anthogrammates, écrivains interprétant cette langue, ou en dictant les lois.

Certaines fleurs ont évidemment leur signification en elles-mêmes, et tout le monde saisira le sens de ces vers d'une chanson que j'ai entendue, enfant, et dont j'ai retenu un seul couplet :

J'offrirai le pâle narcisse
A beaucoup de nos jeunes gens,
Le tournesol aux courtisans,
Le bouton d'or à l'avarice,

> La pensée à qui parle peu,
> Au babillard une clochette,
> Et, d'après le commun aveu,
> De l'ellébore à tout poëte.

Mais que le fusain ait pour traduction : Votre image est gravée dans mon cœur, on aura le droit de s'étonner de l'emblème en songeant combien facilement s'enlève le trait formé avec ce crayon léger et qui certes ne devrait point signifier un souvenir bien constant.

L'une des plus célèbres galanteries faites au moyen des fleurs est le recueil connu sous le nom de *Guirlande de Julie*.

Lorsque le duc de Montausier fut fiancé à Julie d'Angennes de Rambouillet, il eut le droit, selon l'usage, de lui envoyer chaque matin un bouquet ; pour rendre cette offrande plus durable, le duc substitua aux fleurs naturelles la guirlande dont Tallemant des Réaux nous donne la description suivante :

« Toutes les fleurs en étaient enluminées sur du vélin et les vers écrits aussi sur du vélin ensuite de chaque fleur, et le tout de cette belle écriture dont j'ai parlé. Le frontispice du livre est une guirlande au milieu de laquelle est le titre : *La Guirlande de*

Julie pour Mlle de Rambouillet, Julie-Lucine d'An-gennes.

« A la feuille suivante, il y a un zéphyr qui épand des fleurs. Le livre est tout couvert des chiffres de Mlle de Rambouillet.

« Le seul, Voiture, qui n'aimait pas la foule ou qui peut-être ne voulait point être comparé, ne fit pas un pauvre madrigal. »

L'écrivain dont parle Tallemant est le célèbre Jarry, Nicolas, le premier de nos calligraphes. Les fleurs furent peintes en miniature par le fameux Robert. Il fut adjugé, en 1784, à la vente de La Vallière, à M. Payne, libraire anglais, au prix énorme de 14,510 francs.

Une copie, sur vélin, mais sans peintures, de l'écriture de Jarry, fut vendue 622 francs.

Voici quelques citations de ces pièces légères où, à côté de la recherche, on trouve fréquemment les passages les plus gracieux :

Madrigal sur l'hyacinthe :

Je n'ai plus de regret à ces armes fameuses
Dont l'injuste refus précipita mon sort :
Si je n'ay possédé ces marques glorieuses,
Un destin plus heureux m'accompagne à la mort ;

Le sang que j'ay versé, d'une illustre folie,
A fait naistre une fleur qui couronne Julie.

(Marquis de Rambouillet.)

Madrigal sur la violette :

Modeste est ma couleur, modeste est mon séjour,
Franche d'ambition, je me cache sous l'herbe ;
Mais si sur votre front je puis me voir un jour,
La plus humble des fleurs sera la plus superbe.

(Desmaretz Saint-Sorlin.)

Madrigal sur le lis :

Devant vous je perds la victoire
Que ma blancheur me fit donner,
Et ne prétends plus d'autre gloire
Que celle de vous couronner.
Le ciel, par un honneur insigne,
Fit choix de moi seul autrefois
Comme de la fleur la plus digne
Pour faire un présent à nos rois.
Mais si j'obtenais ma requête,
Mon sort serait plus glorieux
D'être monté sur votre tête
Que d'être descendu des cieux.

(Tallemant des Réaux.)

Sur le perce-neige :

Sous un voile d'argent la terre ensevelie
Me produit ; malgré sa fraîcheur,
La neige conserve ma vie
Et, me donnant son nom, me donne sa blancheur,
Mais celle de ton sein, adorable Julie,
Me fait perdre, aux yeux éblouis,
La gloire désormais ternie
Que je ne cédais pas au lis.

Mais où m'entraînent les citations !

Le *sélam* c'est le langage des fleurs Cette fois, et peut-être l'unique, c'est la femme qui a dicté des lois. Ce fut Glycéra, la bouquetière athénienne, qui, la première, sut donner un sens aux fleurs. Voici le récit de Pline :

« Glycéra excellait dans l'art de faire des guirlandes, des couronnes et des bouquets ; le peintre Pausias, contemporain d'Appelles, excellait dans la peinture des fleurs. On vit l'art et la nature faire des efforts pour se surpasser réciproquement ; chacun voulait l'emporter sur son émule ; on ne savait à qui adjuger la victoire. Mais Pausias, ayant voulu peindre la bouquetière elle-même tressant

des couronnes, en devint éperdument amoureux et
s'avoua vaincu. »

Or, ce manége matrimonial de Glycéra, m'est
avis, eut pour élément principal la symbolique de
ses bouquets. Je suppose que la belle Athénienne
offrit aux regards du peintre un bouquet ainsi
composé : Primevères au centre, tour de pieds
d'alouette, tour d'aubépine, tour d'amaranthe. Ce
que Pausias dut traduire à livre ouvert, mettant
ces mots dans la bouche de Glycéra : « Je suis
« dans ma première jeunesse, lisez dans mon cœur,
« vous y verrez un doux espoir, soyez-moi fidèle ! »

A quoi le jeune artiste répondit en peignant le
sélam suivant : Centre de ketmies, tour d'immortelles, tour d'héliotrope. Non moins habile, Glycéra
expliqua : « Vous êtes jolie, je suis sous votre em-
« pire, mon amour sera éternel. »

Et les deux rivaux devinrent époux.

Il faut pour traduire aussi facilement être quelque
peu initié à cette science presque toute de conven-
tion, car sur les trois cents emblèmes, il n'en est
peut-être pas un quart qui portent avec eux une
signification facile à saisir.

Néanmoins, je le reconnais, quelques-uns sont
fondés, ainsi : l'amertume de l'absinthe a pu signi-

22

fier l'amertume de l'absence ; la mimeuse pudique,
la chasteté ; la ficoïde, dont les feuilles sont comme
couvertes de glaçons, la glace du cœur ; le lierre,
qui étreint, l'amitié ; la balsamine, dont la graine
éclate quand on la touche, l'impatience.

L'architecte Callimaque, passant près du tombeau
d'une jeune fille morte peu de jours avant son mariage, ému d'une tendre pitié, s'approcha pour y
jeter des fleurs. Une offrande avait précédé la sienne.
La nourrice de cette jeune fille, rassemblant les
fleurs et le voile qui devaient servir à la parer le jour
de ses noces, les plaça dans un petit panier auprès
du tombeau sur une plante d'acanthe, puis elle
le recouvrit d'une large tuile. Au printemps suivant, les feuilles d'acanthe entourèrent le panier ;
mais arrêtées par la tuile, elles se recourbèrent et
s'arrondirent vers les extrémités. Callimaque, surpris de cette décoration champêtre, qui semblait
l'ouvrage des grâces en pleurs, en fit le chapiteau
de la colonne corinthienne. Dans le langage des
fleurs, acanthe signifie beaux-arts.

L'ancolie a ses pétales roulés en cornets, comme
les attributs de la mutine compagne de Momus.
Voilà le symbole de la folie.

La bardane arrête les passants par le calice épineux de ses fleurs, elle indiquera l'importunité ; la

boule de neige sera le refroidissement ; le champignon, dont tant d'espèces sont justement suspectes,
sera l'emblème de la méfiance ; le chèvrefeuille
enroule ses tiges aux fleurs parfumées à l'entour des
arbres voisins, ce seront des liens d'amour ; le coquelicot est voisin du pavot, son suc endort la douleur, le coquelicot sera synonyme de repos ; le
cyprès, c'est le deuil ; la couronne impériale, la
dignité. Si les botanistes la nomment fritillaire, c'est
au mot latin *fritillus*, cornet à jouer aux dés, qu'ils
ont pris cette appellation, par allusion aux petites
taches carrées dont la corolle est parsemée dans quelques espèces et qui la font ressembler aux cases
d'un damier. Une variété, à cause de sa ressemblance avec une charmante gallinacée, s'appelle pin-
tade, on la prendrait à son élégance pour une jolie
plante échappée des Alpes et jalouse d'habiter parmi
nous ; elle est originaire des prés et des pâturages
des montagnes.

Quand Jenny coud auprès de sa fenêtre ombragée
par les cobéas, elle défend au moyen d'un dé son
doigt des morsures de l'aiguille. Semblable à un dé
est la fleur de la digitale, aussi a-t-elle pour signification : travail.

Le jonc, qui plie si bien, doit marquer la sou-
mission. Le chardon à foulon forme à la base de ses

feuilles de petites écuelles où s'amassent la rosée et
la pluie. L'oiseau vient boire dans cette coupe naturelle ; le chardon à foulon se nomme *dipsacus* —
contre la soif — et il signifie : je suis altéré, j'ai soif.

L'éclair aux fleurs jaunes, c'est la chélidoine,
ainsi appelée du nom grec de l'hirondelle dont le
retour est marqué par la floraison de la plante. Or
l'hirondelle, c'est l'amour maternel, comme le dit
en ses vers un mien ami, poëte trop modeste pour
être connu [1] :

> J'ai vu dans les cieux l'hirondelle
> Porter ses petits tour à tour,
> Elle va, vient, revient; près d'elle
> Chacun s'empresse avec amour.

L'éclair marque les soins maternels.

Le laurier, qui couronne les guerriers vainqueurs, doit être l'emblème de la gloire.

D'où vient que partout le myosotis a pour traduction : Ne m'oubliez pas? Pierre Zaccone nous
en raconte la poétique origine :

« Deux amants se promenaient sur les bords

[1] M. l'abbé P. Durozoy.

escarpés d'un torrent; ils parlaient du ciel et de la
terre, du présent et du passé; ils faisaient de doux
projets pour l'avenir, ils avaient la joie dans le
cœur : tout à coup une fleur de myosotis leur apparaît. ... la pauvre fleur va être entraînée par le torrent; la jeune fille le fait remarquer à son amant,
et celui-ci, n'écoutant que son amour, se précipite
aussitôt dans les flots..... Mais, hélas! le torrent
devait être plus fort que lui; c'est en vain qu'il lutte
contre la force du courant, les flots écument et l'entraînent lui-même.. ... Cependant, avant de disparaître pour jamais, il eut encore le courage de tendre
à sa fiancée la fleur qu'il venait de saisir et de pro-
noncer ces mots : *Ne m'oubliez pas!* »

Qui ne se rappelle les boules soyeuses de la graine
de pissenlit qui poussent dans les prés et que nous
aimions à consulter quand nous étions enfants?.....
« Désire-t-on savoir si un ami absent s'occupe
de nous, comme nous nous occupons de lui, dit
Mme Delatour, on souffle sur ces aigrettes légères,
et s'il en reste une seule, c'est une preuve qu'il ne
nous oublie pas; mais cette épreuve il faut la faire
avec précaution : on doit souffler bien doucement,
car, à aucun âge, pas même à l'âge brillant des
amours, il ne faut souffler trop fort sur les légères
illusions de la vie. » Le pissenlit signifie oracle.

Voilà de quoi prouver mon assertion que quelques fleurs ont réellement en elles de quoi justifier MM. les grammairiens ès-fleurs; mais combien d'autres ont été attraites de force dans ce poétique langage.

Les couleurs ont aussi leur signification. Malheureusement, là, comme si les professeurs eussent tenu à renouveler les dissentiments de MM. Noël et Chapsal avec l'Académie, avec M. Poitevin, ou ceux des Bescherelle et des Napoléon Landais, on ne s'entend pas, non-seulement sur les couleurs primitives, mais encore sur les couleurs composées. Dans le doute permettez-moi de me conformer au précepte vulgaire qui prescrit de s'abstenir. Si cependant vous voulez un emblème, je le demanderai à la langue héraldique : Blanc signifie chasteté; rouge, puissance et gloire; bleu, fidélité, loyauté; jaune, parjure, félonie. De tout temps le vert a été espérance et le noir deuil.

Ce n'était pas assez que d'avoir donné aux plantes une signification emblématique, il s'agissait encore d'établir une grammaire de ce langage.

Vous entendez bien qu'on ne consulta point le bon Lhomond pour savoir s'il y a dans cette langue, comme dans la langue française, dix parties constitutives du discours. Fi donc! puisqu'il s'agissait d'une science surtout dédiée aux dames, on ne pouvait s'inspirer d'un homme qui avait eu l'impolitesse d'écrire dans son rudiment : Le masculin est plus noble que le féminin. J'aime bien mieux les doctrines du Dr Guilmot, ce galant octogénaire, qu'on ne peut soupçonner d'un intérêt personnel lorsqu'il plaide ingénieusement la thèse de la prééminence de la femme sur l'homme.

J'en reviens à mes moutons, ou plutôt à ma syntaxe.

On s'est contenté, comme espèces de mots, du substantif, de l'adjectif, des pronoms et du verbe.

En effet, si le langage des fleurs est le langage des amoureux, quel besoin avons-nous d'adverbes? Ces gens-là n'en connaissent que deux : Toujours, jamais. Quel besoin de conjonctions? Leurs discours sont éminemment décousus. Si l'interjection est un cri de l'âme, on peut rayer l'interjection comme pléonasme.

Voilà qui simplifie.

Le substantif a pour objet de désigner un être quelconque, il s'exprime par une fleur avec sa tige et ses feuilles, c'est-à-dire à l'état naturel. Une branche d'amandier fleurie, étourderie. — J'aurais dû vous dire que l'amandier, fleurissant avant que les gelées soient bien finies, est un étourdi qui s'expose à la légère.

L'adjectif s'indiquera comme un substantif double : deux branches d'amandier fleuri : étourdi.

Le verbe est la clef du discours ; il s'exprime
par la fleur seule et nue sur sa tige.

Mais ici, il faut distinguer les temps et les modes. Le présent, fleur épanouie ; le passé, fleur
avec la graine, ou fleur ayant quelques pétales en
moins, comme si elle se flétrissait ; futur, une fleur
avec un bouton.

Quand aux modes : Indicatif, une fleur ; infinitif,
deux fleurs ; impératif, trois fleurs.

Le conditionnel ne peut s'exprimer que par un
rameau de la plante symbolique, encore dépourvu
de fleurs et auquel est jointe une fleur séparée.

Enfin les pronoms s'indiquent par un nombre de
feuilles séparées de la tige : Je, une feuille ; tu,
deux feuilles ; il, trois feuilles ; nous, quatre feuilles ; ils, cinq feuilles. On tutoie toujours, donc pas
de vous.

C'est fort ingénieux, n'est-il pas vrai, mais c'est
bien minutieux. Que diriez-vous si j'ajoutais comment se doivent disposer les fleurs selon l'ordre
grammatical, l'influence du ruban qui noue le
bouquet.

Ce n'est cependant point tout encore. Outre
l'écriture symbolique, il y a le langage télégraphi-

que. Là on tient à la main la fleur symbolique, à la
hauteur du cœur, pour le présent ; le bras incliné
vers la terre, pour le passé ; à la hauteur des yeux,
pour l'avenir.

Droites, et à la main droite, je ; même main, penchées à gauche, tu ; à la main gauche, il. Voulez-
vous donner au symbole une valeur contraire à celle
qui lui est assignée par l'usage, tenez la fleur renversée. Ainsi l'oxalide alléluia qui, droite, signifie
joie, dira, renversée, chagrin

Pour vous dédommager de l'ennui de ces détails
très-sommaires cependant, je vais vous reproduire
une historiette de M. A. Jacquemart, que lui raconta
un vieil Arménien, grand maître ès-science du
sélam :

« J'étais jeune et peu initié encore aux finesses
du langage des fleurs ; parcourant seul des pays
divisés par les discordes d'une multitude de chefs
ambitieux, je fus pris pour un espion et retenu captif
dans une petite bourgade que le sort des armes
avait récemment maltraitée..... Ma mort fut résolue
par forme de représailles.

« Pendant que j'attendais mon sort, je vis un
jour tomber à mes pieds l'armoise et le souci plu-
vial ; l'un signifiait *présage*, l'autre *bonheur ;* en
fallait-il davantage pour ranimer en moi l'espoir de
la liberté. Je m'accrochai aux barreaux de l'étroite

ouverture qui me servait de croisée et j'aperçus une jeune fille qui fuyait; son doigt, placé sur sa bouche, semblait m'inviter à la prudence.....

« La journée suivante se passa sans que je visse ma libératrice, car c'est ainsi que mon cœur se plaisait à la nommer. Enfin, vers le milieu de la nuit, j'entendis l'homme qui gardait la porte de ma prison s'écrier d'une voix brusque : « Eh quoi! folle, es-tu « donc amoureuse de l'homme qui doit mourir? « Que veut dire ce sélam? Donne-le-moi. »

« Mais, agile, la jeune fille s'élança, et ce second bouquet suivit la route qu'avait prise le premier. Avec quelle impatience j'attendis le jour! L'odorat, le tact, cherchèrent mille fois à deviner ce que les yeux seuls pouvaient lire; enfin, aux premiers rayons du soleil, je découvris l'ériné des Alpes, le laitron de Laponie, le peuplier noir, le fenouil et le prunier sauvage. Leur disposition exprimait : « Jeudi, à une heure de la nuit, le courage et la « force te rendront indépendant. »

« Jeudi était le lendemain; comme les heures me parurent longues! de combien de minutes elles eussent été composées si j'avais dû supputer d'après le battement de mes artères! Enfin, l'instant arriva. J'avais entendu tour à tour le bruit des armes, celui plus pacifique des verres, et tout semblait replongé dans le sommeil, quand un craquement dans le coin

le plus obscur de mon réduit attira mon attention ;
une porte secrète venait de s'ouvrir, et la jeune
fille au sélam entra d'un air déterminé ; elle remit
un poignard en mes mains ; puis, allumant un tas
de branchages qu'elle avait apporté, elle m'entraîna
lorsqu'elle vit les flammes gagner la toiture ; nous
étions déjà loin avant que l'alarme fût répandue ;
les gardes dormaient du sommeil de l'ivresse.

« Quand nous fûmes au milieu du bois :— « Ange
« du ciel, dis-je à ma libératrice, tu vas me suivre,
« la vie que tu m'as rendue sera désormais dévouée
« à la tienne. »

« — Non, reprit-elle, cela ne se peut ; tu ne
« connais pas la tâche que je me suis imposée. La
« mort seule pourra m'en délivrer. Enfant, je fus
« traînée en esclavage ; pour éviter le sort qui m'at-
« tendait, j'eus le courage de feindre la folie, et je
« vécus au milieu de ces hordes que je déteste,
« environnée du moins d'une pitié respectueuse.
« Mais si j'ai flétri mon existence par ce triste
« mensonge, c'était moins pour conserver des jours
« qui ne sont rien que pour me consacrer au bon-
« heur de dérober à ces barbares une partie des
« captifs que leur accorde la guerre. Ils n'osent
« punir la folie des entreprises audacieuses qu'ils
« voient tenter à l'insensée, ils n'osent surtout la
« soupçonner des ruses qu'elle emploie pour rem-

« plir ses desseins. Va donc, fuis ; moi, je retourne
« dans ma cabane feindre un sommeil que je ne
« goûte jamais, et demain, pauvre folle, j'irai de-
« mander, d'un air stupidement barbare, si les
« flammes ont respecté tes os. »

« Je ne pus que serrer avec reconnaissance la
main de la jeune fille, et, pour lui obéir, je m'éloi-
gnai rapidement..... Il ne me resta de cette aventure qu'une double reconnaissance au cœur : pour
la jeune fille qui avait consacré sa vie tout entière au
soulagement de ses frères, et pour Dieu qui lui
avait donné dans les fleurs un moyen secret et facile
de communiquer avec ceux sur lesquels devait
s'exercer sa charité. »

A mon tour, Mesdames, de vous offrir mon
sélam ; je le composerai de lauréole bois-gentil, de
groseiller et de chêne, cela signifiera qu'en ces lectures : « J'avais le désir de vous plaire et je vous
« suis profondément reconnaissant de l'hospitalité
« que vous m'avez accordée. »

Si vous me répondez par une branche d'églantier fleurie et garnie de ses graines de corail, je
saurai y lire ces mots charmants : « Vous avez bien
« parlé. »

LILLE — IMP. VANACKERE.

www.ingramcontent.com/pod-product-compliance
Lightning Source LLC
Chambersburg PA
CBHW060426200326
41518CB00009B/1500